U0590561

罕见灾难风险对中国资本市场与宏观经济影响动态效应分析

袁靖 著

 西南财经大学出版社
Southwestern University of Finance & Economics Press

中国·成都

图书在版编目(CIP)数据

罕见灾难风险对中国资本市场与宏观经济影响动态效应分析/
袁靖著. 一成都:西南财经大学出版社,2016.1
ISBN 978 - 7 - 5504 - 2254 - 4

Ⅰ.①罕⋯　Ⅱ.①袁⋯　Ⅲ.①灾害—影响—资本市场—研究—
中国②灾害—影响—宏观经济—研究—中国　Ⅳ.①F832.5
②F123.16

中国版本图书馆 CIP 数据核字(2015)第 305293 号

罕见灾难风险对中国资本市场与宏观经济影响动态效应分析
袁　靖　著

责任编辑:李特军
助理编辑:李晓嵩
封面设计:何东琳设计工作室
责任印制:封俊川

出版发行	西南财经大学出版社(四川省成都市光华村街55号)
网　　址	http://www.bookcj.com
电子邮件	bookcj@foxmail.com
邮政编码	610074
电　　话	028 - 87353785　87352368
照　　排	四川胜翔数码印务设计有限公司
印　　刷	郫县犀浦印刷厂
成品尺寸	148mm × 210mm
印　　张	6
字　　数	150 千字
版　　次	2016 年 1 月第 1 版
印　　次	2016 年 1 月第 1 次印刷
书　　号	ISBN 978 - 7 - 5504 - 2254 - 4
定　　价	39.00 元

前　言

　　自 20 世纪五六十年代以来，国外关于罕见灾难事件对宏观经济影响的相关研究开始兴起，最初对灾难风险的研究对象多是具体的、单一的自然灾害和人为灾害，如地震及世界大战等灾害。20 世纪 70 年代，学者们开始构建一般均衡模型和线性模型，通过数值模拟方法，预测灾难性事件对整个宏观经济的影响，同时关注灾难预期因素对投资者和厂商的心理影响，并基于此研究灾难性预期因素在解释宏观经济和资本市场各种未解谜团中的决定性作用。2008 年美国次贷危机之后，国外学者对灾难风险理论的研究热情持续上升。但是我国对灾难风险理论与实证的研究仍处于初级阶段，多从实证角度分析单一灾难性事件与我国宏观经济的联系，缺乏一般性灾难预期因素对整体宏观经济及资本市场的理论与实证相关研究。基于此，本书从灾难风险角度出发，探讨罕见灾难风险对我国整体宏观经济及资本市场的影响，考察灾难风险因素对解释我国资本市场谜团的作用，并考察面对灾难风险我国财政支出、财政支出结构变动及货币政策的应对，即如何构建最优政策应对灾难风险。

　　本书共分九章，每章的研究主要内容介绍如下：

　　第一章是导论。本章简单介绍灾难风险与宏观经济之间的联系、资本市场未解之谜等金融问题的来源及解决方案，阐明性及股权溢价的反周期性特征，灾难对于我国经济波动及股市波动具有不可忽视的影响，尤其是经济低迷及"熊市"时期灾难冲击对消费、投资乃至资产价格的效用影响经济周期及股市周期的未来走势。

第八章是灾难风险下宏观经济波动及最优政策选择的实证分析。本章构建新凯恩斯DSGE模型，以福利成本为标准，探究了面对灾难期经济波动我国最优政策的选择。研究表明，面对灾难规则行事政策优于相机抉择政策操作框架，规则行事下政府采用发行债务平滑税收，而相机抉择操作下，大型发债会导致时间不一致性，从而加剧通货膨胀，私人部门会提高其通货膨胀预期，灾难会使债务作为冲击吸收器的作用减弱。将财政支出分为生产性支出和消费性支出之后，消费性支出比重越大，采用相机抉择结合通货膨胀惩罚函数消费增长恢复越快，但波动性也越大。生产性支出所占比重较大时，规则行事政策操作依然为最优，但消费性支出所占比重较大时，相机抉择结合通货膨胀控制（即结合通货膨胀目标惩罚函数）为最优政策操作。

第九章是结论及政策建议。

以上是本书的基本内容，由于作者水平和学识有限，书中难免有不当与错误之处，敬请各位专家、学者和广大读者对本书的内容和结构多提宝贵意见。

在本书的写作过程中，参阅与引用了多方面的研究资料，已在参考文献中注明，但肯定还有遗漏之处，敬请谅解并向有关作者表示衷心的谢意。

最后感谢国家博士后科学基金项目（2014T70609）对本书的支持。

作　者

2015年8月

目　录

调金融机构人民币存款准备金率，于 2008 年 9 月 16 日、10 月 9 日、10 月 30 日、11 月 27 日和 12 月 23 日连续五次下调金融机构存贷款基准利率，取消了实行将近一年的商业银行信贷额度控制。面临的外部冲击不同，调控政策的具体内容和力度不同，并且财政政策和货币政策调控针对的目标和效应有所不同，而灾难过后政策实施所产生的问题也有所不同，如财政支出的挤出效应、发行国债造成的金融系统负担等。由此可见，灾难事件已经显著影响了我国的宏观经济，加强我国经济抵御风险的能力、规避灾难性事件对经济的非理性冲击、有针对性调控应对灾难冲击将是未来政策制定者须重视的问题，如何采用最优政策使得灾难期福利损失最小化更是政策制定者关心和需要解决的问题。

1.1.2 资本市场未解之谜

梅赫拉和普雷斯科特（Mehra & Prescott，1985）对美国股票市场有关历史数据的研究发现，在过去 100 多年中，美国证券市场上存在比较明显的股权溢价，年均超过 6%，并提出了著名的"股权溢价之谜"（The Equity Premium Puzzle）。自此以后，为了解释这一现象，相关领域的学者们提出了各种各样的解释。梅赫拉和普雷斯科特（Mehra & Prescott，1985）以传统的卢卡斯（Luacs）资产定价模型和新古典增长模型为基础，对溢价之谜进行了分析。他们研究发现，合理范围内的相对风险厌恶系数下，经典理论根本无法合理解释历史上的高溢价问题。由于标准理论无法解释这一异象，大量研究人员试图通过对传统模型进行修正来解释这一难题，于是各种理论解释应运而生，包括一般化期望效用函数理论、习惯形成（Habit Formation）理论、收入冲击理论、行为金融学理论及灾难风险理论。

直到 20 世纪 80 年代初期，大部分金融经济学家相信，股市

1 导论

1.1 问题的提出

1.1.1 灾难风险与宏观经济

灾难大概可以分为自然灾难和经济灾难，前者包括自然灾害（如大地震、飓风等）和战争与社会动乱（如两次世界大战），而后者，比如 20 世纪 30 年代的全球经济大萧条、东南亚金融危机及 2008 年的美国次贷危机引发的全球金融危机。虽然灾难都是小概率事件，但灾难一旦发生将产生巨大的影响。为了抵御金融危机及自然灾害对宏观经济的影响，多数国家均推出一系列财政政策和货币政策刺激经济，如大规模固定资产投资、降低贷款利率、减税、金融救援等。中国政府也不例外，中国政府面对 1997 年亚洲金融危机的冲击采取了积极的财政政策和稳健的货币政策，积极的财政政策主要是增发国债，稳健的货币政策则包括发展消费信贷及 1998 年 3 月 25 日、7 月 1 日和 12 月 7 日连续三次下调人民币存贷款利率。中国政府面对 2008 年美国次贷危机带来的冲击实行积极的财政政策和适度宽松的货币政策，包括财政上推出了 4 万亿元投资计划，于 2008 年 9 月 25 日、10 月 15 日、12 月 5 日和 12 月 25 日连续四次下

调金融机构人民币存款准备金率，于 2008 年 9 月 16 日、10 月 9
日、10 月 30 日、11 月 27 日和 12 月 23 日连续五次下调金融机
构存贷款基准利率，取消了实行将近一年的商业银行信贷额度
控制。面临的外部冲击不同，调控政策的具体内容和力度不同，
并且财政政策和货币政策调控针对的目标和效应有所不同，而
灾难过后政策实施所产生的问题也有所不同，如财政支出的挤
出效应、发行国债造成的金融系统负担等。由此可见，灾难事
件已经显著影响了我国的宏观经济，加强我国经济抵御风险的
能力、规避灾难性事件对经济的非理性冲击、有针对性调控应
对灾难冲击将是未来政策制定者须重视的问题，如何采用最优
政策使得灾难期福利损失最小化更是政策制定者关心和需要解
决的问题。

1.1.2　资本市场未解之谜

梅赫拉和普雷斯科特（Mehra & Prescott，1985）对美国股
票市场有关历史数据的研究发现，在过去 100 多年中，美国证
券市场上存在比较明显的股权溢价，年均超过 6%，并提出了著
名的"股权溢价之谜"（The Equity Premium Puzzle）。自此以后，
为了解释这一现象，相关领域的学者们提出了各种各样的解释。
梅赫拉和普雷斯科特（Mehra & Prescott，1985）以传统的卢卡
斯（Luacs）资产定价模型和新古典增长模型为基础，对溢价之
谜进行了分析。他们研究发现，合理范围内的相对风险厌恶系
数下，经典理论根本无法合理解释历史上的高溢价问题。由于
标准理论无法解释这一异象，大量研究人员试图通过对传统模
型进行修正来解释这一难题，于是各种理论解释应运而生，包
括一般化期望效用函数理论、习惯形成（Habit Formation）理
论、收入冲击理论、行为金融学理论及灾难风险理论。

直到 20 世纪 80 年代初期，大部分金融经济学家相信，股市

回报中的方差几乎是不可预测的，而且红利是驱动股市波动的最重要因素。勒罗伊和波特（LeRoy & Porter, 1981）以及希勒（Shiller, 1981）对该正统学说提出了挑战。他们指出，估计的期望未来红利比实际股价的波动要小得多。相对于短期实际利率、消费、红利的波动而言，实际股票回报的波动太高，坎贝尔（Campbell, 1999）称之为"股市波动之谜"。为了理解它，有必要将股市波动的潜在影响因素进行分类。首先，股价、红利和回报不是独立的，它们由一个会计恒等式联系在一起。假如一个资产的价格今天高，那么它的红利在明天要高，或者它的回报在今天和明天之间要低，或者明天的股价更高。假如人们排除了一个资产价格能够在一个理性泡沫中永远呈爆炸性增长的可能性，那么今天高价格的资产必定伴随着在未来高红利和低回报的组合，投资者在形成他们的预期时，必须认识到这一事实。因此，当一个资产价格高时，投资者会预期未来高红利和未来低回报的组合，股价变化必定跟有关未来红利变化着的预期和未来回报变化着的预期的组合有关，后者可以分为有关未来无风险实际利率的消息和未来股市超过短期债务的超额回报的消息。勒罗伊和波特（LeRoy & Porter, 1981）以及希勒（Shiller, 1981）指出，总体股市价格看起来比预期未来红利波动性更强。他们的工作都假设股价和红利是平稳的，并围绕着一个随机趋势。克莱因（Kleidon, 1986）以及梅赫拉和默顿（Marsh & Merton, 1986）就此回应说股价遵循单位根过程，但是坎贝尔和希勒（Campbell & Shiller, 1988a, b）以及威斯特（West, 1988）发现，即使是单位根过程，也存在过度波动的证据。随后汉米尔顿（Hamilton, 1989）以及弗伦奇和西奇尔（French & Sichel, 1993）则认为股票市场波动的解释最终要以宏观经济分析为基础，经济行为水平的波动是股票收益率波动的关键决定因素。由此又引申出理论模型无法解释现实数据特征的"股市可预测性之谜"。这两个问题引起了许多专家学者的研究和思考，至今仍然没有得到圆满的解决。

普雷斯科特（Prescott，1985）和雷茨（Rietz，1988）提出将资产收益和消费的厚尾事件加入宏观金融模型。巴罗（Barro，2006）构建了一个延伸的雷茨（Reitz，1988）的模型，利用20世纪历史数据校正了灾难概率，其结论是罕见灾难可以解释很多资产价格之谜。加贝克斯（Gabaix，2012）采用时变灾难模型来解释经典金融难题。

基于此，将灾难风险引入资本资产定价模型，对我国是否存在"股权溢价之谜""股市波动性之谜""股市可预测性之谜"进行检验及合理解释，有助于把握我国金融市场的特征，为今后资本市场定价理论完善及金融市场分析框架构建提供科学的依据。

我国学者在研究股票市场股权溢价方面，早期文献计算了我国的股权溢价，近年来的研究则集中于我国是否存在股票溢价之谜及如何合理解释高股权溢价。由于使用数据不同及计算区间不同，我国股权溢价计算结果存在差别，因此对于我国是否存在股权溢价之谜学者们存在争论。在合理解释股权溢价之谜方面，学者们通过对传统金融资产定价模型进行修正解释股权溢价之谜，包括在资产定价模型中添加消费者习惯形成、改变消费效用函数以及基于行为心理学角度解释股权溢价之谜，但目前尚未有文献基于灾难的资产定价模型合理解释股权溢价之谜。采用罕见灾难模型对中国股市高波动率进行研究的文献也未见报端。学者们普遍认为股票市场波动的解释最终要以宏观经济分析为基础，经济行为水平的波动是股票收益率波动的关键决定因素。因此，探究我国宏观经济波动及与股市的联动性、考察灾难冲击对我国宏观经济波动及股市波动传导机制，从而深刻刻画我国股市波动与经济周期波动的深层次原因，为今后资本资产定价及经济周期特征建模提供了科学框架。

1.2 选题的理论意义与实际意义

1.2.1 选题的理论意义

由于金融市场溢价、股市收益率高波动性及可预测性对未来宏观经济和微观经济稳定产生复杂而深刻的影响，对资产定价理论的发展起着至关重要的作用，对金融市场溢价、股市收益率高波动性及可预测性进行科学准确度量及合理解释将丰富金融学研究。

选择适合中国国情的金融市场建模框架是深刻了解金融市场特征的关键因素，目前对金融市场溢价、时变波动之谜及可预测性之谜分析虽多，但尚未有人将其与宏观因素联合建模，采用科学视角下的一致标准对其进行建模分析，而这对今后构建具有综合性和可操作性的动态资产定价模型及金融市场分析框架尤为重要。

1.2.2 选题的实际意义

从灾难角度分析金融市场风险，实现了宏观和微观对金融市场效应度量的有效结合。既能了解未来宏观经济变量及金融市场时变性波动，又能对灾难等非正态冲击对未来经济预期波动的贡献及持续性准确度量。这对于宏观和微观主体形成相同理性预期、增加政策透明度具有重要的实践意义。

采用嵌入灾难风险的非正态冲击的资本资产定价模型与DSGE 等计量模型将完善和补充计量经济方法论研究。

1.3 研究方案

1.3.1 研究内容

本书的研究内容安排如下：

第一章是导论。本章简单介绍灾难风险与宏观经济之间的联系、资本市场未解之谜等金融问题的来源及解决方案，阐明本书选题意义及研究内容。

第二章是灾难风险、资本市场未解之谜及灾难风险与宏观经济联动理论介绍、文献综述。本章梳理关于股权溢价之谜、股市波动性之谜、可预测性之谜、灾难风险及灾难风险与宏观经济联动性的研究现状，剖析了已有解释内容的特点和不足，提出了研究前沿动态。

第三章是中国股权溢价谜再检验及基于灾难风险资产定价模型的解释。本章首先采用我国股市数据计算了我国股市的股票溢价及波动率，巴罗（Barro）灾难模型利用了美国20世纪历史数据，由于中国宏观经济数据时间跨度较小，本章探讨如何准确衡量中国灾难特征，包括选取数据、数据处理、灾难特征描述、灾难概率及程度描述，基于以上数据基础，分别构建和求解了融入常数灾难及时变灾难风险的资产定价模型，对我国数据进行实证分析，采用常数灾难模型和时变灾难模型进行模拟估计对比分析，并分段进行稳健性分析，结果显示在合理的风险规避系数下时变灾难模型可以很好地解释我国股权溢价之谜。

第四章是灾难风险模型对我国国债风险溢价的实证分析。本章在非线性标准新凯恩斯DSGE模型下比较分析罕见灾难、随机波动率和GARCH冲击对我国国债市场风险溢价的影响。实证结果表明，在 DSGE 三阶近似解下，罕见灾难影响风险溢价的水平，但是不能解释风险溢价的时变性。罕见灾难还影响许多宏观经济变量的偏度和峰度值，SV 和 GARCH 同时影响到风险溢价水平和时变性。在 DSGE 模型框架下生产的非高斯冲击影响我国债券 10 年期名义期限溢价。实证研究发现，灾难和 SV—GARCH 效应会影响期限溢价水平值及很多宏观经济变量的偏度和峰度值，但不影响其标准差。

第五章是灾难风险模型对我国股市波动之谜的阐释。本章基于无风险套利的资产定价模型中引入时变灾难风险，构建和求解带有时变灾难概率及带有分离消费的跨期替代弹性的广义预期效用函数的模型。模型估计和模拟结果显示，带有时变灾难和广义预期效用函数的模型，在不需要假设高的风险规避系数下也可以很好地拟合中国股市现实数据的高波动。

第六章是灾难模型对我国股权溢价、股市高波动及宏观经济变量联合建模的实证分析。股票市场的收益率是资本市场的基本衡量工具与直观分析指标，由于我国证券市场起步较晚，发展还不完善，运用股息收益率分析股票价值和预测股票收益率的投资策略尚未引起广大投资者和学者的重视。国内现有文献对股票收益率的研究较多地集中在收益率分布的统计特征尤其是收益率的波动上，国内两大交易所在披露衡量或估算股票价值的相关信息时，仍将市盈率作为主要的披露指标。市盈率的计算是用每股股价除以每股收益，由于股票价格剧烈波动，股票价格长期偏离股票价值已被学者所证实。虽然有效市场理论认为股票价格在一定程度上反映了公司的相关信息，但是即使股票价格保持不变，每股收益也并非真实反映出公司的相关信息。中国股市发展的实践中，上市公司控股股东的利益驱动和中介机构执业准则的不严格遵守，二者会联合构造虚假的财务报表来欺骗中小投资者。此外，市盈率也并非是投资专家用来选股的主要估值指标，因为市盈率本身无法体现出投资者的回报水平。本章基于传统常相对风险厌恶幂效用函数及广义期望效用函数的消费资本资产定价模型验证了我国的确存在股权溢价之谜，接着构建融入灾难的资产定价模型并求解股权溢价及对数股票超额收益，对我国股权溢价之谜及股票超额收益预测进行了合理的解释。

第七章是灾难模型对我国股权溢价及股市可预测性之谜的实证分析。本章将消费、投资和产出等宏观经济运行指标与股票溢价联合建模，揭示了我国股票市场与实体经济之间的联动性及股权溢价的反周期性特征，灾难对于我国经济波动及股市波动具有不可忽视的影响，尤其是经济低迷及"熊市"时期灾难冲击对消费、投资乃至资产价格的效用影响经济周期及股市周期的未来走势。

第八章是灾难风险下宏观经济波动及最优政策选择的实证分析。本章构建新凯恩斯 DSGE 模型，以福利成本为标准，探究了面对灾难期经济波动我国最优政策的选择。研究表明，面对灾难规则行事政策优于相机抉择政策操作框架，规则行事下政府采用发行债务平滑税收，而相机抉择操作下，大量发债会导致时间不一致性，从而加剧通货膨胀，私人部门会提高其通货膨胀预期，灾难会使债务作为冲击吸收器的作用减弱。将财政支出分为生产性支出和消费性支出之后，消费性支出比重越大，采用相机抉择结合通货膨胀惩罚函数消费增长恢复越快，但波动性也越大。生产性支出所占比重较大时，规则行事政策操作依然为最优，但消费性支出所占比重较大时，相机抉择结合通货膨胀控制（即结合通货膨胀目标惩罚函数）为最优政策操作。

第九章是结论及政策建议。

1.3.2 研究思路

本书将按照建模—求解—估计—对比总结的四阶段逻辑思

路展开。第一，理论基础和数据准备。梳理国内外罕见灾难、股权溢价之谜、股市波动之谜、股市可预测性之谜研究文献，构建本项目的研究框架，对数据进行基本化处理。第二，建模求解。构建融入罕见灾难、股权溢价、股票收益波动率及经济周期宏观变量的模型，解决模型设定、模型求解、参数估计及推断预测问题。第三，估计。运用模型得到中国股权溢价、股票收益波动率及经济周期宏观变量高阶矩及相关系数特征值科学计算及预测结果，对模型进行脉冲响应及方差分解度量灾难冲击效应。第四，对比总结。归纳总结研究结论，提出相应的对策建议。具体如图 1.1 所示：

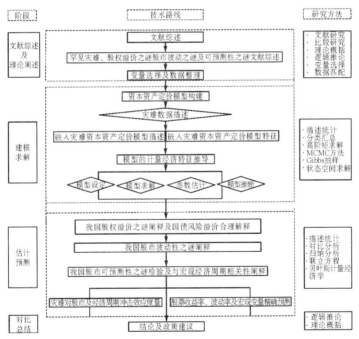

图 1.1　本书研究思路图

1.3.3 研究方法

本书主要采用的研究方法包括理论研究法、描述统计法、数理统计法和计量模型法。理论研究法主要包括文献研究、比较研究、逻辑推论和理论归纳法。描述统计法主要包括各种统计图表及描述统计量。数理统计法和计量模型法主要包括联立方程模型及贝叶斯计量经济学等方法。

1.4　主要结论和创新点

1.4.1　主要结论

第一，我国的确存在股权溢价之谜，然后基于雷茨（Reitz）和巴罗（Barro）模型，将时变灾难概率引入资产定价模型，结果显示模型在不需要假设高的风险规避系数下也可以很好地解释我国现实数据的股权溢价之谜，尤其是在股市"熊市"时期更应考虑灾难带来的经济效应。

第二，基于雷茨（Reitz）和巴罗（Barro）模型，将时变灾难概率和 Epstein—Zin—Weil 效用函数引入模型，对我国股票溢价及股票收益率回归预测进行模拟计算，在不需要假设高的风险规避系数下也可以很好地解释中国现实数据的股权溢价。采用广义期望效用函数包含灾难模型模拟结果优于无灾难模型及 CRRA 效用函数灾难模型，今后投资者可参考股息收益率对预期股票收益率进行预测及理性投资。

第三，风险溢价不仅在投资管理和公司财务决策中起着重要的作用，而且是很多金融理论模型的决定参数。近期的金融危机和衰退突显了宏观经济和资产价格之间的密切联系，但是标准经济分析工具却不能有效检验这种联系。本书在 DSGE 模型框架下探究了非高斯扰动主要是罕见灾难对资产定价的股票溢价的效应，实证分析结果显示灾难在二阶展开并不影响风险溢价，但是在三阶展开影响风险水平值，风险溢价的变异在二阶或三阶下均不受灾难影响，灾难对风险溢价水平值有重要影响，并且影响很多重要宏观经济变量的偏度和峰度值，但是几乎不影响宏观经济变量的标准差。本书还研究在 DSGE 模型框架下产生冲击的非高斯冲击如何影响我国债券 10 年期名义期限溢价，实证研究发现灾难影响期限溢价水平值及很多宏观经济变量的偏度和峰度值，但不影响标准差。本书的分析还为今后非高斯扰动，如随机波动率和 GARCH 效应等在金融资产定价中的探究提供了模型框架。

第四，为了更好地促进灾后经济恢复，我国政府政策应主要以规则行事为操作框架，即财政政策使用财政支出、税收及债务水平间相互依存关系进行操作，货币政策以调节利率应对产出变化和通货膨胀变化为规则，如此既能避免通货膨胀预期时间不一致性，又能使财政支出、税收及债务发挥最大作用。就长期而言，面对灾难，政府不应仅关注消费和产出恢复，应密切关注价格波动，避免通货膨胀增长带来的长期负效用，在规则行事的同时也应结合通货膨胀惩罚目标函数，促使经济全面稳步恢复。

1.4.2 主要创新点

本书的主要创新点如下：

第一，将罕见灾难及金融市场溢价联合建模，为金融市场溢价之谜（包括股票溢价和国债市场风险溢价等）进行科学合理解释。

第二，将罕见灾难及股市、宏观经济变量联合建模，为股市波动性之谜及股市可预测性之谜进行科学合理的解释。

第三，将非线性正态冲击嵌入应用于动态资产定价，为今后动态资产定价建模提供全新框架。

第四，对灾难风险下最优政策选择的研究，创新性地将政府支出分为生产性支出和消费性支出，分析有助于深化灾难风险下我国宏观经济波动及最优政策的认识，并为灾后最优政策的制定提供一定的理论指导。

2 灾难风险、资本市场未解之谜及灾难风险与宏观经济联动理论介绍、文献综述

2.1 股权溢价研究的文献综述

2.1.1 股权溢价的来源与金融学意义

现代微观金融理论的一个基本原理是某一金融资产的内在价值等于预期的该资产未来产生的现金流收入的折现值，而对于不确定性越高的资产，投资者要求得到的溢价也就越大，以此折现的价格也就越低，这就是著名的风险—收益均衡，溢价对应于风险而生。

股权风险溢价（以下也称股权溢价），就是普通股权收益率与无风险证券（政府债券）收益率的差别，英文简称是"ERP"，即"Equity Risk Premium"或"Equity Premium"。最早表达股权风险溢价类似概念的是约翰·米勒（John Miller）在其1848年的经典著作《政治经济学原理》中有过类似表述。他这样描写一个决定在土地上进行投资的农民的决策：他可能愿意

在土地上追加投资以获得超额利润，这部分超额利润不论多少，总是要超过风险价值一定的利息（不论从银行借贷的，还是从别人那里借来的）。

米勒把利润分成三个部分：其一，借来款项的利息，也可以表述为资金的机会成本，这差不多相当于无风险利率；其二，与这项投资相关风险的价格，这其实类似于股权溢价；第三部分，就是超额利润，用现代金融投资学语言来表示，就是在完全竞争市场上获取的超额利润。

可惜米勒的论述并没有引起当时经济学学者的充分重视，当时的经济学热点是研究完全竞争和利润之间的关系，而不是研究风险与收益的关系。一些经济学家，比如著名的约翰·克拉克（John Clark），坚持认为超额利润来自垄断，而不是什么风险的补偿。直到出现了一部伟大的论著——奈特（Knight）的《风险、不确定性和利润》（*Risk，Uncertainty and Profit*）。在这一著作中，奈特回顾了 1920 年之前的全部关于利润构成的经济学文献，分析了其中对风险的论述，指出了研究中的不足，即那些文献都没有区分可衡量和不可衡量的风险，后者被奈特定义为不确定性。奈特认为这两类风险都应该得到经济利益补偿，但奈特没有区分风险和不确定性是如何影响经济生活中的证券价格和利润的，同样他也没有说明如何计量风险溢价。之后，股权溢价的研究进入一个停顿的阶段，直到 20 世纪 50 年代才兴起。计量经济学的研究成果再次成为理论研究的先行者，从 20 世纪 20 年代到 20 世纪 40 年代，不断有研究人员收集当时美国市场上各类证券价格数据，但如何估算股权溢价的方法研究依然进展缓慢。在此之后，如何估算股权溢价的计量方法研究进展缓慢，直到埃德加·史密斯和艾尔弗雷德·卡尔斯（Edgar Smith & Alfred Cowles）发现投资收益率可以采用市值加权的股票组合收益率来替代，研究者才知道收集大量证券价格数据有助于研究股权溢价。

股权溢价对金融投资非常重要。其一，股权溢价是资产配置中的重要因素。投资者需要比较各种风险资产、无风险资产的预期收益率和投资风险，才能进行资产配置决策，作为估计长期股票收益的关键因素，股权风险溢价在众多的财务决定中起着决定性作用。估计溢价的最明显用途是制定资产分配决策，每个投资者都必须做出一个基本决策，即如何将他们的资金分配于股票、固定收入债券和其他资产之中，这也就是通常所说的资产配置问题。在这个决策过程中所使用的基本数据是对各项竞争性资产的相关风险与收益的估计值，如果要在股票与固定收入债券中做出投资选择，相关收益便是指股权风险溢价。对于长期投资者而言，股权风险溢价一方面决定了他们的长期回报率的高低，另一方面则决定了他们资产配置中的股票和债券的比例。其二，股权溢价是项目投资中的关键因素。现代投资理论认为，公司应当承接所有净现值为正的项目，现值的计算要以机会成本为依据，机会成本就是计算现值的折现率，资本的机会成本反过来又在很大程度上受股权成本的影响，而股权成本恰恰由无风险利率和股权溢价构成。一些现代资产定价模型，如资本资产定价模型（CAPM），使用了两步程序来对股权的资本做出估计。第一步，将市场作为一个整体来估计股权成本，而整个市场的股权成本就是市场预期收益的同义语，后者就是由股权风险溢价的预期所决定的；第二步，调整市场范围内的股权成本，以使公司的股权风险适应股票的一般风险。在大量的金融文献资料中，虽然把如何进行调整作为聚焦点，但市场预期收益可能是更重要的决定贴现率的因素。这样一来，股权风险溢价就在部分程度上决定了经济生活中已实施了的投资项目的价值。其三，股权溢价是股票价格水平的决定性因素。因为股权溢价通常决定着普通股的预期收益，根据定义，股权风险溢价也就决定着投资者在市场组合中支付的现金折扣的比率，如果股权溢价下降，则贴现率下降而股票价格水平上升。股权溢价是证券研究员和投资银行人员必须了解的变量，因为估计市场合理市盈率、估算股票价格，都需要使用股权溢价。

2.1.2 股权溢价计算国内研究成果的文献综述

朱世武、郑淳（2003）采用历史数据计算了 A 股历史股权溢价，他们采用 1995 年 2 月至 2002 年 12 月的每月数据，无风险利率则分时段分别予以确认。其中，1995 年 2 月到 1998 年 6 月，以一年存款月利率加上 10% 溢价度量无风险利率；1998 年 6 月以后，改用银行间 1 日国债回购的月加权平均利率测量无风险资产收益，股票收益计算全市场的投资回报。公式如下：

$$nr_t = \frac{MV_t + div_t - 2C_t}{MV_{t-1}} - 1$$

上式中，nr_t 是 t 日的净收益率，MV 是 t 日的 A 股总流通市值，div_t 是 t 日的红利总额，C_t 是交易成本，MV_{t-1} 是 $t-1$ 日的经过调整的 A 股总流通市值。他们计算出的 8 年 A 股市场名义年回报率是 7.89%，无风险资产收益率是 5.75%，股权溢价是 2.03%，如果扣除通货膨胀因素，A 股市场的实际股票回报率是 4.58%，无风险资产实际年回报率是 2.51%，实际股权溢价是 2.11%。

朱世武、郑淳（2003）同时对影响股权溢价的因素进行了初步分析。他们认为，第一个因素是周期选择会对股权溢价水平产生较大影响。他们计算出，1995—2002 年 A 股股权溢价为 2.11%，1997—2001 年 A 股股权溢价为 0.88%，1997—2002 年 A 股股权溢价为 3.68%。第二个影响股权溢价水平的因素是交易成本，他们指出中国交易成本较高，导致投资者支付了很高的代价，从而让部分忽略交易成本的股权溢价计算结果远远高于实际水平。第三个因素是股本规模，其计算结果显示，流通市值越小的公司，股权溢价越高。

廖理、汪毅慧（2003）选择沪、深市 A 股的全部股票作为样本，计算股票资产收益，以流通股市值为权重加权平均，考虑配股、送股、拆细的影响以及红利再投资，具体的计算方法是先计算个股的附权和考虑红利的收益率。公式如下：

$$r_{n,t} = \frac{P_{n,t}(1 + F_{n,t} + S_{n,t}) \times C_{n,t} + D_{n,t}}{P_{n,t-1} \times C_{n,t} \times S_{n,t} \times K_{n,t}} - 1$$

上式中，$P_{n,t}$ 是股票 n 在 t 日的收盘价，$P_{n,t-1}$ 是股票 n 在 $t-1$ 日的收盘价，$D_{n,t}$ 是股票 n 在 t 日为除权日时的每股现金分红，$F_{n,t}$ 是股票 n 在 t 日为除权日时的每股红股数，$S_{n,t}$，股票 n 在 t 日为除权日时的每股配股数，$K_{n,t}$，股票 n 在 t 日为除权日时的每股配股价，$C_{n,t}$ 股票 n 在 t 日为除权日时的拆细数。

然后计算全市场 A 股以流通股股价为权重的市场收益率。公式如下：

$$R_t = \frac{\sum_n W_{n,t} r_{n,t}}{\sum_n W_{n,t}}$$

其选择的是 1997—2001 年每月数据，无风险利率选择三种类型：短期国债收益率、国债回购利率和银行一年期存款利率。廖理、汪毅慧（2003）计算出来的 1997—2001 年中国 A 股股权溢价水平，如表 2.1 所示：

表 2.1　　　　　　　　　A 股股权溢价水平

无风险利率类型	无风险利率值（%）	股权溢价（%）
债券回购	5.41	6.78
活期银行存款	1.33	10.86
三个月银行存款	2.47	9.72

表2.1(续)

无风险利率类型	无风险利率值（％）	股权溢价（％）
六个月银行存款	3.22	8.97
一年期银行存款	3.9	8.29
三年期银行存款	4.41	7.78
五年期银行存款	4.74	7.45

廖理、汪毅慧（2003）同时也应用了比较的方法，将美国风险溢价水平换算成中国股权溢价。公式如下：

中国股权溢价水平＝美国股权溢价×（A股月收益率标准差/A股月收益率均值)/(美国股市月收益率标准差/美国股市月收益率均值)

其计算出的 1997—2001 年 A 股股权溢价水平是 6.38%。

程兵、张晓军（2004）分别利用几何平均方法 MOOM 模型和盈利增长模型对 1997—2001 年期间我国 A 股股票的风险溢价进行了测算，无风险利率采用 Nelson—Siegel 模型估算 1 年期国债收益率，但其计算出的 1997—2001 年的股权溢价，在 1998—2001 年都是负的，在其他 3 年波动巨大。

刘仁和、陈柳钦（2004）采用了廖理、汪毅慧（2003）的方法计算了股票资产回报率，选择一年期存款利率作为无风险利率，计算出 1991—2001 年的上海证券市场的股权溢价水平高达 18.2%。

陈李（2008）利用我国 1993—2007 年全部 A 股月数据计算出我国股权溢价算术平均数是 15.28%，而几何平均数是 4.59%。

杜海凤、王晓婷（2011）利用我国 1991—2008 年的沪、深两市的综合指数收益率计算出我国沪、深两市的股权溢价分别为 30.044% 和 27.256%。

2.1.3 资本资产定价模型与股权溢价之谜的研究

2.1.3.1 资本资产定价模型

资本资产定价模型（CAPM）的假设包括金融市场上每个人都是马克维茨（Markowitz）所描述的均值—方差最优化者；每个人对资产的概率分布结构的看法一致，对每项资产收益的均值、方差以及协方差的估计都是一致的；任何人有且仅有一个借贷的无风险利率，没有交易成本，于是每个人都会购买同样的资产组合。实际上，这是阿罗—德布鲁—麦肯齐一般均衡模型的思想在金融学中的应用。坎贝尔（Campbell，2003）指出，只要市场不存在套利机会，即使存在不确定性，投资者所需要的也只是确定随机贴现因子（SDF）。投资作为面对未来的金融产品的核心是平滑风险和收益，只要投资者能够估计金融产品的未来现金流，那么通过合理的随机贴现因子估计就能够准确计算出这些产品的价格，因此影响投资者决策差异的唯一变量就是 SDF。

默顿（Merton，1973）、卢卡斯（Lueas，1978）和布里登（Breeden，1979）陆续提出了消费资本资产定价模型（CCAPM），使用资产收益率与总消费增长率的协方差描述风险。在这种定价理论中，不仅引入了投资者的效用函数，使用投资者的相对风险规避系数来刻画投资者行为，而且能够在资本资产定价模型中同时考虑消费和投资的决策，把产品市场、要素市场和金融市场上的各种变量通过消费和投资的关系联系起来，从而形成更一般意义上的阿罗—德布鲁均衡。可见，资本资产定价模型的提出是现代金融学的一次飞跃。

下面简单介绍资本资产定价模型：

考虑一个代表性投资者禀赋经济，代表性投资者 t 时的财富

为 W_t，希望使用该财富最大化期望终身效用如下：

$$\max E_t \left\{ \sum_{j=0}^{\infty} \beta^j u(C_{t+j}, Z_{t+j}) \right\}$$

上式中，E_t 为期望算子，β 为主观贴现因子，C 为消费，Z 为进入效用函数的变量，可以表示各种变量，包括后续研究中不断加入的因素，比如习惯、财富、损失、风险厌恶等。

该经济中有 $n+2$ 种公开交易的资产：lucas 树（股票）、债券和 n 种金融资产。该经济中每一个投资者在初始时刻，都被赋予一棵树，称为 lucas 树（股票），树上的果实就是股票的红利，每棵 lucas 树价格是 p，红利是 y。该经济中无风险资产是债券，其最近的一期无风险利率是 R_{bt}。该经济中还存在 n 种金融风险资产，假定每份风险资产 i 的从 t 时到 $t+1$ 时的收益率为 $R_{i, t+1}$。

假设代表性投资者在 t 期初持有 S_t 棵 lucas 树、价值为 $\dfrac{L_t}{R_{bt}}$ 的债券，数量为 N_{it} 的风险资产 i，那么投资者在 t 时的财富在消费和各个资产之间分配，即

$$W_t = c_t + p_t s_t + \frac{L_t}{R_{bt}} + \sum_{i=1}^{n} N_{it}$$

投资者在 $t+1$ 时的财富等于各个资产的到期价值之和，即

$$W_{t+1} = (p_{t+1} + y_{t+1}) s_i + L_t + \sum_{t=1}^{n} N_{it} R_{i, t+1}$$

在这个经济中投资者是同质的，我们可以测算出一个竞争性均衡，竞争性均衡是函数 $V(W_t, z_t)$，lucas 树的价格为 p_t，需求数为 s_t，无风险利率为 R_{it}，函数的等式成立条件是投资者效用最大化，即满足对数 Bellman 方程：

$$V(W, z_t) = \max \{ u(c_t, z_t) + \beta E_t [V(W_{t+1}, z_{t+1})] \}$$

这个函数使得市场出清。

大多数行为资产定价理论使用预算约束方程将消费替换为

状态变量和控制变量，将下一期的财富替换为控制变量，代入
Bellman 方程，然后对控制变量求一阶条件，并对状态变量使用
Benveniate—Scheinkman 公式，得到如下欧拉方程：

$$1 = E_t(M_{t+1}R_{t+1}^i)$$

上式中，R_{t+1}^i 表示各个资产的收益率，M_{t+1} 为随机贴现因子。

2.1.3.2 股权溢价之谜

梅赫拉和普雷斯科特（Mehra & Prescott，1985）发现了著
名的"股权溢价之谜"（Equity Premium Puzzle）。通过研究美国
1889—1978 年股票市场的数据，梅赫拉和普雷斯科特（Mehra &
Prescott）得到股票的平均收益率为 1.069 8，政府债券的收益率
为 1.008，股票溢价为 6.18 个百分点，如果运用标准模型进行
数值模拟，假设相对风险厌恶系数为 10，推导出的风险溢价仅
仅只有 0.4 个百分点，远远小于实际的 6.18 个百分点；如果令
风险溢价等于实际的 6.18 个百分点，则要求相对风险厌恶系数
至少在 40 以上，大大超出了实际标准（实证研究表明相对风险
厌恶系数比较小，一般不会超过 10），这就是著名的"股权溢
价之谜"。

让我们把这个股权溢价用上述行为资产定价模型表示出来，
将 CRRA 模型效用函数 $u(c) = \dfrac{c^{1-\alpha}}{(1-\alpha)}$ 代入 SDF 模型，得到
下式：

$$1 = E_t\left[\beta\left(\frac{c_{t+1}}{c_t}\right)^{-\alpha}R_{bt}\right]$$

$$0 = E_t\left[\left(\frac{c_{t+1}}{c_t}\right)^{-\alpha}(R_{s,\,t+1} - R_{bt})\right]$$

上式中，$R_{s,\,t+1}$ 为股票收益率，R_{bt} 为无风险利率，第一个方
程为无风险利率方程，第二个方程为溢价方程。将美国历史数
据（消费增长率，标普 500 指数收益率和短期债券收益率）代

入溢价方程，可以计算出参数 α 约等于 27，而一般认为，投资者的相对风险规避系数应该小于 3，由于股权溢价太高，导致相对风险规避系数太高。事实上，科克伦（Cochrane，1997）通过传统的资产资本定价模型，也成功地表述了股权溢价之谜，而且他的表达更加清晰、易懂。

2.1.4 股权溢价之谜的解释

针对股权溢价之谜，大量研究文献通过引入财富偏好、习惯形成、追求时尚、损失厌恶和嫉妒等行为因素来重新构造资本资产定价模型，试图解释股权溢价之谜，从而形成现代金融学中一个庞大的研究体系。其中，比较有代表性的模型包括以下几种：

2.1.4.1 财富偏好

投资者积累财富不仅是为了获取财富带来的消费品，而且为了财富本身所带来的满足感。库尔兹（Kurz，1968）首次将财富偏好引入效用函数。行为资产定价理论将财富偏好定义为除了消费之外，投资者的财富也是效用函数中的变量，表示为 $C(c, w)$，投资者不但通过享受其消费品，而且通过占有财富得到效用，财富的边际效用大于 0。巴克什等（Bakshi & Chen，1996）首次研究基于财富偏好的消费—投资组合模型，得到相应的资产定价模型如下：

$$\mu_i - \tau = -\frac{cu_{cc}}{u_c} - \frac{Wu_{cw}}{u_c}\sigma_{i, w}$$

上式中，影响风险资产的收益率的风险来源除了包括来自消费的风险之外，还有来自财富的风险。在他们设定的模型中，投资者不但关心其消费的波动，也关心其财富的波动。因此，投资者持有风险资产，不但对冲资产的消费风险，而且对冲资产的财富风险，财富偏好有助于解释无风险利率之谜，即为什么长期的无风险资产回报率如此之低。简单来说，投资者的消费—投资组合选择问题如下：

$$\max E_t \left\{ \sum_{j=0}^{\infty} \beta^j u(c_{t+j}, W_{t+j}) \right\}$$

预算约束不变，使用动态规划，得到 SDF 模型如下：

$$1 = E_t [M_{t+1} R_{t+1}^i]$$

贴现因子如下：

$$M_{t+1} = \beta \frac{u_c(c_{t+1}, W_{t+1}) + u_w(c_{t+1}, W_{t+1})}{u_c(c_t, W_t)}$$

由于消费和财富的边际效用都是正数，所以很容易发现：财富偏好越强烈，即 $u_c(c_{t+1}, W_{t+1})$ 越大，那么无风险利率越小，因此财富偏好可以用来帮助解释为什么长期的无风险利率那么低，但是财富偏好很难解释股权溢价之谜。在这个模型中，只有非常少的和特殊的参数才能使得随机贴现因子位于 Hansen—Jagannathan 界之上。

2.1.4.2 习惯形成

习惯形成（Habit Formation）是指投资者的偏好不仅依赖于当前的消费水平，还依赖于习惯，可以描述为 $u(c_t, h_t)$，其中习惯变量 h_t 与投资者过去的消费水平有关。习惯形成描述了投资者心理的一个基本特征，即重复刺激减弱了刺激的感知能力和反应能力（Campbell & Cochrane，1999），习惯越大，投资者从当期消费品中得到的效用水平就越小，即习惯的边际效用小于 0。

基于消费习惯来描述行为资产定价模型对股权溢价之谜的解释形成了一股潮流，这方面的论文非常多，康斯坦丁尼德斯（Constantinides，1990）在默顿（Merton，1969，1971）的基础上，引入习惯的消费—投资组合模型，使用最优化解解释了股权溢价之谜。桑德尔森（Sundaresan，1989）研究了基于习惯形成的资本资产定价模型。阿贝尔（Abel，1990）使用习惯形成解释了股权溢价之谜。卡罗尔（Carroll，2000）、坎贝尔和科克伦（Campbell & Cochrane，1999）以及坎贝尔（Campbell，2000）研究了习惯形成对资产定价的影响。

习惯因素引入资产定价，主要表现在效用函数的重新构造上，比如阿贝尔（Abel，1990）把效用函数构造为：

$$u = \frac{(\dfrac{c_t}{h_t})^{1-\alpha}}{(1-\alpha)}, \quad h_t = c_{t-1}^{\gamma}$$

又如，坎贝尔和科克伦（Campbell & Cochrane，2000）把效用函数构造为：

$$u = \frac{(c_t - h_t)^{1-\alpha}}{1-\alpha}$$

$\log[(c_t - h_t)/c_t]$ 服从 AR（1）过程。表面上看，效用函数的构造只是一种数学技巧，但实质上是对投资行为重新理解。为了深入解释习惯因素对资产定价的影响，这些学者通过在效用函数中引入不同的习惯测度指标，使得我们可以运用现实的数据来检验习惯和资产定价之间的关系。

习惯形成对资产定价的影响可以表述为以下逻辑：把习惯定义为 $h_t = h_t(c_{t-1})$，投资者的消费—投资组合选择问题为 $E_t[\sum_{j=0}^{\infty} \beta^j u(c_{t+j}, h_{t+j})]$，预算约束条件不变，投资者的状态变量为财富 W 和习惯 h，控制变量不变，使用动态规划得到随机贴现因子为：

$$M_{t+1} = \beta \frac{u_c(t+1) + \beta E_{t+1}[u_h(t+2) \dfrac{\partial h_{t+2}}{\partial c_{t+2}}]}{u_c(t) + \beta E_{t+1}[u_h(t+1) \dfrac{\partial h_{t+1}}{\partial c_t}]}$$

阿贝尔（Abel，1990）通过数值模拟发现，选择了红利增长率等于1，通过调整参数 α，可以使得股权溢价达到梅赫拉和普雷斯科特（Mehra & Prescott）计算出的6%，同时债券收益率维持在很低的水平，完全可以解释股权溢价之谜。

2.1.4.3 追求时尚

追求时尚（Catching up with the Joneses）是指投资者的效用函数定义在投资者自己的当前的消费水平和滞后一期的经济中平均总消费水平之上，即投资者关心的不是自己的消费水平，而是相对消费水平。投资者的效用函数为 $u(c, h)$，其中偏好参数为 h，此处的 c 是经济中的平均总消费，是所有投资者的消费总和除以总人数。坎贝尔和科克伦（Campbell & Cochrane）定义的外在型习惯（External Habit）实际上就是追求时尚，而内在型的习惯（Internal Habit）则是前面提到的习惯形成。由于即期和滞后一期的消费增长率都进入资产定价方程，因此代表性投资者的追求时尚行为会影响经济所有资产的均衡收益率，利用滞后一期的消费增长率在当前是可测的事实，并将股票溢价方程减去债券的资产定价方程，可以发现股权溢价方程等同于基于 CRRA 效用函数的股权溢价方程。也就是说，追求时尚并不影响股权溢价。但是追求时尚会影响无风险利率，在追求时尚这个方程中，通过调整参数红利增长率可以得到低水平的无风险债券收益率，而股权回报率不会发生变化，因此可以解释股权溢价之谜。换言之，股权溢价之谜的存在，是因为无风险利率水平保持在了较低的水平。

因为行为资产定价理论与股权溢价之谜的崭新视角，所以其也吸引了大量国内研究者的关注。事实上，我国对股权溢价之谜的研究文献的数量甚至超过了估算股权溢价水平的文章数量。我国学者对行为资产定价理论进行阐述的文献主要如下：

杨云红、邹恒甫（2001）利用非期望偏好结构，讨论消费和资产收益的时间序列行为。在这种递归偏好结构中，投资者积累财富不仅仅为了消费，也为了财富所带来的社会地位。他们研究这一假设对消费、投资组合策略、证券市场价格以及经济增长的影响，并利用所得到的定价方程讨论风险溢价问题。他们指出，一个投资者关心其社会地位的经济水平，其特征必定不同于一个传统经济的特征，即最优消费—投资组合策略不再仅仅只是个体财富和偏好参数的函数，而且是社会财富指标的函数。在他们的参数化偏好模型中，最优消费倾向随着自己财富的增加而增加，随着投资者关心社会地位的程度和风险回避的增加而减少。这样一些特征对消费、储蓄和证券组合选择都会有重要的影响。在这样的经济中，即使消费过程是平稳的，股票价格的波动也会很大，这说明关心社会地位是股票市场波动的驱动力，也是经济增长的原动力。

陈彦斌、周业安（2004）对行为资产定价理论进行了比较完整的综述。他们指出行为资产定价理论是在消费资本资产定价模型基础上，通过修正投资者的效用函数而发展起来的一系列模型，文章构造了行为资产定价的一般均衡研究框架，综述了 20 世纪 90 年代流行的行为资产定价模型。

熊和平（2005）着重阐述了消费形成基础上的资本资产定价模型。他指出，在传统的资产定价模型中加入消费习惯，假定投资者的效用不仅仅与当期的消费水平有关，而且还受历史消费水平或平均社会消费水平的影响，投资者在做出消费—组合决策时不仅考虑投资者自身未来每一期的消费水平，还要考虑自己已经形成的消费习惯以及整个社会的消费习惯，从而影响了资本的均衡价格。这种消费习惯考虑了投资者的心理因素，因此比传统的理论更加接近实际。与传统的定价模型相比，引进消费习惯的资产定价模型，股权溢价不仅受投资者的风险厌恶程度和消费波动率的影响，而且还受投资者消费习惯程度的影响，从而为股权溢价之谜提供了一种可能的解释，这一点也已被实证结果所证实。

肖俊西、王庆石（2004）使用广义矩法（GMM）估计了无买卖价差的标准的基于消费的资本资产定价模型（Hansen—Singleton 模型）和具有买卖价差标准的基于消费的资本资产定价模型（Fisher 模型）。他们发现，我国股票市场并不像美国等发达国家资本市场那样存在股权溢价之谜现象；在 2001 年 6 月以后，我国股票市场上投资者由理性的风险规避者变为非理性的风险追逐者；风险并不是决定资产期望收益的唯一因素，资产期望收益也与换手率和交易成本有关。

肖俊西、王庆石（2005）在之前研究的基础上，使用引入习惯形成因素，分析 CCAPM 模型对股权溢价之谜的解释。他们将代表性投资者或消费者的期望效用函数修正或扩展为具有内生的习惯形成或局部持久性的期望效用函数，将具有内生的习惯形成或局部持久性的期望效用的基于消费的资本资产定价模型应用于中国股市。他们采用了康斯坦丁尼德斯（Constantinides，1990）的效用函数，用汉森（Hansen，1982）广义距法（GMM）进行数据统计，数据采集的样本是从 1993 年 7 月到 2003 年 12 月的 126 个月。其检验结果是目前中国股市经验上存在支持理性预期假说的可能性；常数相对风险规避系数的估计值的符号变化，似乎暗示了从 2001 年 6 月以后，投资者由理性的风险规避者变为非理性的风险追逐者（或投机者），而实际上的原因在于 2001 年 6 月股票市场一直呈现下跌态势，个人投资者出于心理原因，不愿意抛售股票而兑现亏损，导致相对风险系数发生异常变化。

刘仁和（2004）首次尝试以一个综合性的行为资产定价模型来阐述股权溢价之谜，在消费资产定价的框架上使用 Hansen—Jagannathan 下界以及含有幂效用的标准模型探讨中国高股权溢价问题。他首先检验中国股市是否存在高溢价，通过股权溢价的衡量，指出 1991—2001 年中国股票市场的溢价水平高达 18%，是明显的高溢价水平；其次采用梅赫拉和普雷斯科特（Mehra & Prescott）的模型进行分析，讨论中国股市的相对风险规避系数，得到数据竟然是 180，比梅赫拉和普雷斯科特（Mehra & Prescott）对美国历史数据的检验值要高出许多，从而证明中国存在股权溢价之谜；最后使用 Epstein—Weil 模型分析了中国投资跨期消费替代弹性，即 SDF 模型中那个随机贴现因子。

李治国、唐国兴（2002）利用 1994 年第一季度到 2001 年第四季度的数据进行了实证分析，发现在中国证券市场存在股权溢价之谜，股票收益与消费增长还呈现与理论不符的负相关关系。肖俊喜、王庆石（2004）利用我国 1993—2003 年的数据，采用广义矩法估计了无买卖价差标准的基于消费的资本资产定价模型和具有买卖价差标准的基于消费的资本资产定价模型。实证检验发现，我国股票市场不存在股权溢价之谜，但是由于肖俊喜、王庆石在计算市场的实际收益率时没有考虑红利，从而会明显低估市场风险溢价。刘仁和、郑爱明（2007）采用两阶段最小二乘法（2SLS）对我国投资者的跨期替代弹性进行了估计，发现消费的跨期替代弹性很低，即使对投资者效用函数进行修改，Epstein—Zin—Weil 效用也不能很好地解释中国股市股权溢价之谜。邓学斌、陆家骝（2010）使用 H—J 方差界检验中国的股权溢价之谜，实证分析发现中国不存在股权溢价之谜，也不存在无风险利率之谜。丁宏、王灏（2010）放弃了经典资本资产定价模型中的典型投资者假定，验证了投资者异质性的存在提高了损失厌恶对股权溢价的解释力度，但没有对我国股权溢价之谜进行实证研究。

2.2 股市波动之谜的文献综述

直到 20 世纪 80 年代初期，大部分金融经济学家相信，股市回报中的方差几乎是不可预测的，而且红利是驱动股市波动的最重要因素。勒罗伊和波特（LeRoy & Porter, 1981）以及希勒（Shiller, 1981）对该正统学说提出了挑战。他们指出，估计的期望未来红利比实际股价的波动要小得多。相对于短期实际利率、消费、红利的波动而言，实际股票回报的波动太高，坎贝尔（Campbell, 1999）称之为"股市波动之谜"。为了理解它，有必要将股市波动的潜在影响因素进行分类。首先，股价、红利和回报不是独立的，它们由一个会计恒等式联系在一起。假如一个资产的价格今天高，那么它的红利在明天要高，或者它的回报在今天和明天之间要低，或者明天的股价更高。假如人们排除了一个资产价格能够在一个理性泡沫中呈永远爆炸性增长的可能性，那么今天高价格的资产必定伴随着在未来高红利和低回报的组合，投资者在形成他们的预期时必须认识到这一事实。因此，当一个资产价格高时，投资者会预期未来高红利和未来低回报的组合，股价变化必定跟有关未来红利变化着的预期和未来回报变化着的预期的组合有关，后者可以分为有关未来无风险实际利率的消息和未来股市超过短期债务的超额回报的消息。

勒罗伊和波特（LeRoy & Porter, 1981）以及希勒（Shiller, 1981）指出，总体股市价格看起来比预期未来红利波动性更强，他们的工作都假设股价和红利是平稳的，并围绕着一个随机趋势。克莱因（Kleidon, 1986）以及梅赫拉和默顿（Marsh & Merton, 1986）就此回应说股价遵循单位根过程，但是坎贝尔和希勒（Campbell & Shiller，1988a，b）以及威斯特（West，1988）发现，即使是单位根过程，也存在过度波动的证据。

根据最简单的有效市场理论，股价代表了红利贴现值的最优预测，股价只反映了关于现值的客观信息，我们如何将此当成学说呢？希勒（Shiller，1981）指出，现值沿着时间的一个固定模式显示相对于根据有效市场模型计算的现值，整体股票市场有着过度的波动性。学者们的研究引起了大量的争论，下面回顾一些主要观点。

关于过度波动性的原创性工作的主要思想是考察红利与股价的关系。在 20 世纪 80 年代初期，希勒（Shiller）的工作是根据金融文献中红利围绕着一个趋势波动的假设的传统来开展的，不管怎样人们争论红利没有必要接近于一个趋势，即使盈利接近于一个趋势，股票的发行或回购使得红利偏离一个趋势变得不清楚了。另外，如果公司经理层发放红利，以保证他们经营活动中的盈利流，那么股价可能预期比红利变得更快。在这样一个模型中，红利不再是一个随机过程，而是一个平滑过程，不是股价依赖于红利，而是这两个时间序列是协整的。

因此，研究者们面临的挑战就是怎样建立一个预期波动性的检验，用一个更灵活的方式对红利与股价的关系建模，当做完这些检验之后，它们都证实了该假设即股票价格的波动超过了有效市场假设所解释的波动。例如，威斯特（West，1988）推导出一个不等式，股价中的新生过程（Innovations）的波动必定小于或等于基于市场可获得信息子集的红利现值的预测值，这个不等式是相当灵活的，在红利与股价是协整的，或者两个时间序列是自回归移动平均的，或者价格有无限方差的情况下，该不等式都成立。威斯特（West）使用长期的股价年度数据，发现股价新生过程方差是其理论上限的 4～20 倍。坎贝尔和希勒（Campbell & Shiller，1988b）放松了时间序列的其他假设，在实际价格和实际红利的协整模型的条件下重建了一个时间序列模型，也发现了过度波动的证据。坎贝尔（Campbell，1991）提出了一个股票回报的方差分解，表明了总体股市的大多数波动提供的是有关未来回报的信息，而不是有关未来红利的信息，实际利率太平稳，不能解释股价的大幅波动。另一个有关过度波动的早期工作的争论性看法是，对这些早期工作的假设表示了质疑，有效市场模型是通过实际贴现率是固定的这样一个期望现值模型来实现的。

对有效市场来说，即使在现值公式中利率是时变的，也几乎不支持有效市场模型。从美国来看，特别是最近半个世纪，实际股价一直比现值波动更大，而且现值中体现出来的变化跟股价中贴现出来的变化几乎不一样。一个可能替换时变实际贴现率的方法就是消费的跨期边际替代率。从 20 世纪 70 年代以来，默顿（Merton，1973）、卢卡斯（Lucas，1978）的有效金融市场模型认为，股价是对未来红利用消费边际替代率进行贴现而得到的现值，这些模型中的股市收益等式是在消费效用最大化的模型中推导而来的。格罗斯曼和希勒（Grossman & Shiller，1981）用标准普尔指数的红利和总体消费数据来计算边际替代率作为贴现因子，做出了从 1881 年以来的现值图。他们发现，该模型中红利贴现值与实际股价只有脆弱的关系，除非将相对风险回避系数提高到荒谬的高度，该系数才需要比数值 3 高许多，否则该现值的波动不足以解释股价的运动。

坎贝尔（Campbell，1991）的研究表明，股市波动的主要原因是与对股市超额回报的预测发生了变化有关。从实证分析来看，红利增长和实际利率预测变化就变得非常不重要了。由此可见，股票市场的波动水平不能被股价是对未来收益的贴现的任何有效市场模型所解释。希勒（Shiller，2002）指出，即使在现值公式中有许多方法去对贴现率修修补补，这样将来有人可能发现贴现率的其他一些定义使其更吻合实际股价的现值序列，但他们也并没显得更令人信服。根据贴现率的如此变化来证明该波动是适当的，人们必须坚持认为，投资者也拥有很多关于这些影响未来贴现率的因素变化的许多信息。希勒认为，我们需要新的理论与创新来解释股市的波动，而不全是修修补补，即使市场不是完全失去理智时，市场也含有大量的噪声，噪声如此之大以致它们能够决定总体股市的运行。对整体股市而言，有效市场模型从来没有被任何跟基本面有联系的股市波动研究所支持。

由于这些数据显示，超额回报中的可预测变化是股市波动的一个重要来源，研究人员于是开发了一些股市风险或风险的价格的数量变化模型，模型和其他经济计量方法表明，股市回报的条件方差是高度变化的，假如这个条件方差是股市风险的充分代表的话，那么它就可能解释股票超额回报的可预测性。该方法存在许多问题：第一，在每天或每月中条件方差的变化最剧烈，在更低的频率上就非常弱了，该波动中包含了一些经济周期的变化，但它并未显示足够大到能够解释整体股市价格的主要变化（Schwert，1989）。第二，超额股票回报的预测并未跟随条件方差的测量值的变化而相应变化（Harvey，1989）。第三，人们愿意在一个模型中内生地生成股市波动，而不是将其作为一个外生变量，在能够解释股市波动的消费变动或红利波动中几乎没有周期性变化证据。

近年来，国内学者开始关注我国股市高波动性问题。刘仁和（2004）对我国股市波动性进行研究，结果发现我国股市存在高波动之谜，但他没有系统地解释我国股市高波动之谜存在的原因。徐建国（2010）发现我国A股指数的波动并不服从随机分布，大部分行业存在的长期回报率负相关隐含着股价过度波动的可能。刘仁和和程昆（2005）曾对资产定价的波动性之谜进行过初步的文献梳理。周洪荣、吴卫星及周业安（2012）基于对数线性 RVF 的 VAR 非线性 Wald 检验方法对我国 A 股 1994—2009 年期间的数据进行实证研究，结果表明样本期间我国 A 股股价相对其基础价值表现出"过度波动"的迹象，无论是常数超额收益率模型还是 V-CAPM 模型都无法对此进行解释。他们通过进一步定义市场情绪指数来分析这种"波动性之谜"现象的原因，结果发现市场情绪和股市"过度波动"之间存在相互作用机制，市场情绪能够对股价波动提供额外的解释。

2.3 股利价格比对股票收益率及股票超额收益预测的相关文献综述

股票市场的收益率是资本市场的基本衡量工具与直观分析指标。由于我国证券市场起步较晚，发展还不完善，运用股息收益率分析股票价值和预测股票收益率的投资策略尚未引起广大投资者和学者的重视。国内现有文献对股票收益率的研究较多地集中在收益率分布的统计特征尤其是收益率的波动。国内两大证券交易所在披露衡量或估算股票价值的相关信息时，仍将市盈率作为主要的披露指标。市盈率的计算是用每股股价/每股收益，由于股价的剧烈波动长期偏离股票价值已被学者所证实，虽然有效市场理论认为股票的价格在一定程度上反映了公司的相关信息，但是即使股价保持不变，每股收益也并非真实地反映出公司的相关信息。中国股市发展的实践中，上市公司控股股东的利益驱动和中介机构执业准则的放弃会联合构造虚假的财务报表来欺骗中小投资者。此外，市盈率也并非是投资专家用来选股的主要估值指标，因为市盈率本身无法体现出投资者的回报水平。

法玛和弗伦奇（Fama & French，1988）最先在不同时限下对股票收益进行多元回归分析，从1个月到4年对股息收益率进行回归分析，报告了回归R^2，结论是长期期限下股票超额收益是可预测的，P-D比率和期限溢价可以预测股票收益波动率，这个结论被广泛应用。之后国外学者采用很多不同指标对股票超额收益进行预测。其中，采用P-D比率和股息收益率对股票超额收益进行预测的学者包括坎贝尔和希勒（Campbell & Shiller，1988，1989），霍德里克（Hodrick，1992），坎贝尔和维埃拉（Campbell & Viceira，2002），坎贝尔和尤洛（Campbell & Yogo，2003），卢埃琳（Lewellen，2004），门泽尔、桑托斯和韦罗内西（Menzly，Santos & Veronesi，2004）；采用E-P（Earnings Price Ratio）比率对股票超额收益进行预测的学者主要有拉蒙特（Lamont，1998）；采用账面价值比对股票超额收益进行预测的学者包括科塔瑞和沙汗（Kothari & Shanken，1997），彭迪夫和沙尔（Pontiff & Schall，1998）；采用消费、财富和收入比率对股票超额收益进行预测的学者主要有莱托和卢德维格松（Lettau & Ludvigson，2001）。

对股息收益率、股利价格比及股票收益率进行回归预测的仅有王小泳（2012）。其运用协整模型对股息收益率、股票收益率及股利增长率进行实证分析，研究结果显示股息收益率对股票收益率存在显著效应，但股息收益率对股利增长率不存在显著效应，但因其使用计量经济模型，故缺乏微观理论基础。

2.4 股票市场与宏观经济波动联动效应的相关文献综述

中国自1978年改革开放以来，经济保持了年均近10%的高速增长，人均消费水平大幅上升，而中国宏观经济的大幅经济波动也是不容忽视的。与此同时，中国股票市场已经发展了20多年，中国股票市场发展的外部环境和内部结构已经发生了重大变化，伴随着经济增长和明显的经济波动，中国资本市场的回报率表现出较高的股权溢价与较大波动性并存的现象。

在传统标准消费资产定价模型中，当风险的价格是一个代表性投资者的相对风险回避系数时，股市风险数量根据超额股票回报与消费增长的协方差来测量，消费的平滑性使得股票回报与消费的协方差较低，所以股票溢价只能由非常高的风险回避系数来解释，梅赫拉和普雷斯科特（Mehra & Prescott，1985）将此问题称为"股权溢价之谜"。

经过20多年的发展，学者们提出种种假说来对股权溢价之谜加以解释，包括考虑习惯形成的作用、考虑相对消费、考虑行为金融学中的损失厌恶，或使用广义期望效用函数，但没有一个能够完全解释股权溢价之谜。根据资产定价核心，要解决股权溢价之谜，需要从相对风险厌恶、时间偏好及消费增长率波动等方面入手，以往的模型都无法很好地解释股权溢价之谜，一个重要的原因是这些模型中的消费增长率缺乏大幅波动。基于这一思路，里兹（Rietz，1988）在经济增长的马尔科夫过程中引入罕见灾难，成功地解释了股权溢价之谜。灾难对于股权溢价之谜能够解释的经济含义学者们的理解是由于灾难的厚尾分布和人们的预防性储蓄。由此可见，股权溢价与消费、储蓄等宏观经济变量波动及联动应构建考虑灾难的统一模型框架。

斯德兰德和普雷斯科特（Kydland & Prescot，1982）建立了一个动态随机一般均衡模型，该模型的核心思想就是人具有理性预期，市场没有摩擦和外部性并会实现一般均衡，政府无须干预市场。经济中所有的现象都是行为人理性决策的结果。实际的技术冲击给经济带来不确定性，行为人的最优决策和市场交易会使得这种冲击得到放大，并最终产生经济波动。该模型也因为强调实际冲击而被称为实际经济周期模型（RBC）。近年来，吉尔曼（Jermann，1998），布劳瑞和克里斯蒂亚诺等（Boldrin & Christiano，2001），埃文·杰卡德（Ivan Jaccard，2008）都在 RBC 模型的框架下同时研究了美国的经济波动和资产回报率，并且对其决定机制进行了更为深入和一致的讨论。

　　真实经济周期理论的研究在国外非常丰富，我国学者在真实经济周期理论方面的研究起步较晚，但研究正在逐步深入。卜永祥和靳炎（2002）用相对简单的 RBC 模型解释中国经济，通过将技术冲击和货币当局的货币政策冲击引入模型，并计算 Kydian-Prescott 方差比率，认为技术冲击可以解释中国经济波动的 76%。陈昆亭、龚六堂、邹恒甫（2004）在基本 RBC 模型中引入人力资本，对我国 1952—2001 年的经济数据进行了模拟研究。黄颐琳（2005）构建了包含政府部门的 RBC 模型，分析技术冲击与财政政策冲击对宏观经济波动的影响，研究结果显示技术冲击和政府支出冲击可以对 70% 以上的中国经济波动特征做出解释，但是该研究对与消费相关的变量进行了特殊处理，使模型合理性下降。陈昆亭、龚六堂（2006）构建了包含内生货币和粘滞价格机制的 RBC 模型，模型对产出的粘滞性和波动性的模拟结果与事实经济情况非常接近，但对通货膨胀和就业水平的模拟与实际偏差较大。祝梓翔、邓翔（2013）构建了一个包含趋势性冲击和暂时性冲击的开放经济 RBC 模型，模型较好地拟合了中国的大部分经济波动特征，包含政府消费和趋势性冲击的开放经济模型则出现了过度拟合，拟合结果较差。以上文献对资本市场的股权溢价和宏观经济波动的研究都是独立建模。

2.5 罕见灾难的相关文献综述

2008 年美国次贷危机引发的全球金融危机，使得政府和学术界开始意识到经济和金融体系中系统性风险的重要性，而传统的金融理论和模型所关注的都是非系统性风险。以巴罗（Barro）为首的学术界开始探索如何在传统资本资产定价模型中体现系统性风险，而这一研究与股权溢价之谜密不可分。要解决股权溢价之谜，需要从相对风险厌恶、纯时间偏好和消费增长率的波动等方面入手，以往的研究都无法很好地解释股权溢价，一个很重要的原因就是这些模型中的消费增长率缺乏大幅波动，雷茨（Riez，1988）在经济增长的马尔科夫过程中加入灾难状态，成功地解释了高股权溢价及低的无风险利率。还有学者（Bansan & Yaron，2004）在资产定价模型中引入长期经济增长率波动，也成功地解释了股市回报率和市盈率的波动。

此后，巴罗（Barro，2006）根据世界主要国家在 20 世纪多次大的主要经济灾难的数据，结合理论模型完美地证明了灾难可以很好地解释高股权溢价和低无风险利率现象。这一突破标志着金融理论开始引入系统性风险，意味着现代金融学和宏观经济学实现了融合。

利用罕见灾难解释金融问题最早始于 20 世纪 60 年代。曼德尔布罗特（Mandelbrot，1963，1967）指出极端的金融资产价格波动更经常出现，风险资产收益分布比高斯分布有更厚的尾部，于是学者们试图将极值理论应用于金融数量分析。普雷斯科特（Prescott，1985）、雷茨（Rietz，1988）提出将资产收益和消费的厚尾事件加入股权溢价之谜模型。雷茨（Rietz，1988）发现低于 2% 的概率足够拟合历史股权溢价数据。巴罗（Barro，

2006）构建了一个延伸的雷茨（Rietz，1988）股权溢价模型，利用 20 世纪历史数据（世界大战和大萧条）校正了灾难概率，其结论是罕见经济灾难可以解释很多资产价格之谜，包括高股权溢价、低无风险利率、股票回报波动等金融问题。加贝克斯（Gabaix，2012）将雷茨（Rietz，1988）假设和数据生成过程结合在一起，研究结论发现罕见灾难还可以解释宏观金融中的 10 个难题。沃切特（Wachter，2013）将 Epstein—Zin 偏好加入灾难研究中，发现时变灾难概率还可以较好地解释股票波动之谜。

灾难对于影响人们的投资行为进而影响风险溢价的传导机制可以理解为四种途径：第一种解释是"比索问题假说"（Peso Problem Hypothesis）。即便是在正常的经济状态下，投资者也会对资产未来可能面临的系统性风险要求一个正的风险溢价，因为投资者对那些会影响资产价格的未来可能的灾难赋予一个正的概率。第二种解释是灾难的厚尾分布。根据巴罗（Barro，2006、2009）的研究，灾难幅度的分布呈典型的厚尾分布。第三种解释是预防性储蓄。巴罗（Barro，2009）引入灾难后的结果表明，对于一个可能以每年 1.7% 的概率发生、损失为当年国内生产总值 29% 的灾难，一个社会愿意减少每年近 20% 的国内生产总值来消除这种潜在的灾难。金布尔（Kimball，1990）将这一现象归结为人们的谨慎心理，这一行为又被称为预防性储蓄（Precautionary Saving）（Kimball & Weil，2009）。第四种解释是损失厌恶。传统的经济和金融理论都建立在风险的基础上，现实中更多的是不确定性，灾难正是一种奈特式不确定性，就像风险对应于风险厌恶一样。奈特式不确定性对应于人们的损失厌恶倾向，这种心理会对资产定价产生影响。

加贝克斯（Gabaix，2012）采用时变灾难理论解决了金融学存在的 10 个宏观金融问题，即 5 个股票市场之谜（股权溢价之谜、无风险利率之谜、股市高波动率之谜、股市总体回报的可预测性之谜、市盈率对协方差之谜）、3 个名义债券之谜（债券的收益率曲线之谜、长期债券回报率的可预测性之谜、公司债券利差之谜）、2 个期权市场之谜（价差较大的虚值看跌期权比 Black—Scholes 模型预测的价格要高、股票市场指数的看跌期权价格较高时这一期权的未来回报也会较高）。

我国学者陈彦斌（2009）采用灾难模型对我国城镇居民财产分布进行了实证分析，结论显示不含灾难风险的模型难以拟合中国城镇居民的财产分布状况。当引入全要素生产率（TFP）灾难风险之后，整个模型经济所产生的财产分布会更加平均，但与此同时也降低了模型结果对资本产出弹性的敏感程度。当引入资本灾难风险之后，贫困人群体持有的财产份额会下降，富裕人群体持有的财产份额则会上升，从而很好地拟合了中国城镇居民的财产分布状况。研究分析结果表明，灾难风险的存在确实会对居民的行为模式进而对整个宏观经济状况产生显著的影响，将灾难风险纳入模型的构建过程中能够增强模型的解释力。庄子罐（2011）在卢卡斯（Lucas）模型基础上，引入了存在严重衰退状态（即灾难状态）的消费增长过程，重新估算了中国经济周期的福利成本，修正了"卢卡斯论断"。刘昌义（2013）对灾难解决股权溢价进行了文献述评。

2.6　面对灾难最优政策选择研究的文献综述

灾难大概可以分为自然灾难和经济灾难，前者包括自然灾害（如大地震、飓风等）和战争与社会动乱（如两次世界大战），而后者，比如 20 世纪 30 年代的全球经济大萧条、1997 年的东南亚金融危机及 2008 年美国次贷危机引发的全球金融危机。虽然灾难都是小概率事件，但灾难一旦发生将产生巨大的影响。为了抵御金融危机及自然灾害对宏观经济的影响，多数国家均推出一系列财政政策和货币政策刺激经济，如大规模固定资产投资、降低贷款利率、减税、金融救援等。中国政府也不例外，中国政府面对1997年亚洲金融危机的冲击采取了积极的财政政策和稳健的货币政策，积极的财政政策主要增发国债，稳健的货币政策则包括发展消费信贷及1998年3月25日、7月1日和12月7日连续三次下调人民币存贷款利率。中国政府面对2008年美国次贷危机带来的冲击实行积极的财政政策和适度宽松的货币政策，包括财政上推出了4万亿元投资计划，于2008年9月25日、10月15日、12月5日和12月25日连续四次下调金融机构人民币存款准备金率，于2008年9月16日、10月9日、10月30日、11月27日和12月23日连续五次下调金融机构存贷款基准利率，取消了实行将近一年的商业银行信贷额度控制。面临的外部冲击不同，调控政策的具体内容和力度不同，并且财政政策和货币政策调控针对的目标和效应有所不同，而灾难过后政策实施所产生的问题也有所不同，如财政支出的挤出效应、发行国债造成的金融系统负担等。由此可见，灾难事件已经显著影响了我国的宏观经济，加强中国经济抵御风险的能力、规避灾难性事件对经济的非理性冲击、有针对性调控应对灾难冲击将是未来政策制定者必须重视的问题，如何采用最优政策使得灾难期福利损失最小化更是政策制定者关心和需要解决的问题。

已有的关于灾难的研究重点是灾难造成生产力大幅下降和政府支出增加，而对于政策制定者来说，如何在灾难期使用最优政策手段应对灾难才是更加需要关注的问题。与本书相近的文献仅有贾俊雪、郭庆旺（2012）和陈伟忠、黄炎龙（2011）两篇文献在拉姆齐（Ransey）最优政策福利函数下，考察我国最优财政政策规则和货币政策规则。一方面是模型均未考虑灾难，即没有探究面对灾难最优政策选择；另一方面是对财政政策规则和货币政策规则使用了固定的模式，货币政策规则使用泰勒型利率规则，财政政策规则使用 Leeper 模式财政政策规则，重点关注了税收、债务及财政支出之间的联动关系。有关财政政策规则和货币政策规则的研究较多，对于我国适合采用何种规则学者们的研究结论尚存在差异。

2.7 小结

理论与实证分析工作的互动促进了理论的创新，理论工作者则提出含有可被检验的预测模型，而实证分析者提出了一些现存理论不能解释的各种各样的实证结果，这又促进了新理论的产生。跟经济学其他领域一样，资产定价面临着一个特别的挑战，它需要解释的是自然产生的而不是通过实验产生的数据，研究员不能控制数据的生成，也不能控制对数据产生影响的随机冲击。

在墨顿和卢卡斯（Merton & Lucas）等人提出的标准资产定价框架中，金融经济学家结合经济基础，对整体股市行为进行大量的实证分析与理论探讨，提出了许多标准理论无法解释的难题，资产定价理论就是在解释这些难题中取得了长足进展。

这些难题包括"股权溢价之谜""股市波动性之谜""股市可预测性之谜"等问题，正是由于存在理论不能解释现实数据的金融问题，金融学家力图从多角度进行实证分析与合理阐释。采用灾难风险这一角度对股市众多之谜进行研究，具有重要的理论意义与实际意义。周小川（2012）指出危机（灾难）实质上是消费的非线性变化，而传统的线性函数和最优化方法无法解释和解决灾难风险及其引起的宏观金融问题。基于灾难角度解释宏观金融问题，不仅可以补充和完善现有的资产定价理论，更重要的是打开了一扇融合现代宏观经济学和金融学的大门。

3 中国股权溢价之谜再检验及基于灾难风险资产定价模型的解释

3.1 引言与文献综述

股权溢价（也称为股市风险溢价）等于股票市场指数收益率减去无风险资产收益率。股权溢价之谜是指传统的基于消费的资本资产定价模型无法在合理的风险厌恶水平下解释现实股票市场上高的股权溢价。基于消费的资产定价模型（Consumption – based CAPM）是最主要的资产定价模型。*Asset Pricing*（John H. Cochrane，2005）是目前国际上最流行关于资产定价的博士生教材。该教材认为基于消费的资本资产定价模型（CCAPM）被认为是唯一的资产定价理论模型，我们熟知的资本资产定价模型（CAPM）和套利定价模型（APT）可以看成是 CCAPM 的特例，更为重要的是 CCAPM 是建立在消费者决策基础上，将股权溢价与消费者的边际效用相联系，从而有了经济学的解释，而不是建立在无套利假设基础之上。

根据 CCAPM，股权溢价取决于投资者的风险厌恶系数和消费增长率与股市收益率的协方差。CCAPM 在理论上将资本市场与宏观经济相联系，赋予资产价格以宏观经济含义。在实证研究中，CCAPM 不能很好地解释股权溢价之谜。给定高的股权溢价和平滑的消费增长率，只有相对风险厌恶系数远远超过合理水平时，CCAPM 才成立。梅赫拉和普雷斯科特（Mehra & Prescott，1985）最早发现了这个问题，将之称为股权溢价之谜。梅赫拉和普雷斯科特（Mehra & Prescott，1985）利用美国历史股票数据进行实证研究，发现 1889—1978 年美国的股票市场收益率（年平均）约为 6.98%，而同时期的美国无风险利率约为 0.8%，股权溢价高达 6.18%。假设 CCAPM 成立，相对风险厌恶系数必须达到 30~40，远远高于经济学家认为不高于 10 的相对风险厌恶系数。股权溢价之谜并不是美国股票市场的特有现象，其在西方发达国家资本市场上广泛存在。坎贝尔（Campbell，2003）系统地研究了美国、英国、德国、日本、法国、加拿大等 12 个发达国家的股市，发现大部分股市也存在股权溢价之谜。

股权溢价问题不仅是资产定价理论的核心问题，也直接决定公司金融中贴现率的计算，因此具有特别重要的意义。金融学家们为了破解股权溢价之谜做出了种种努力，也成为金融学发展的主线，其中代表性成果包括的异质投资者模型（Constantinides & Duffie，1996）、习惯形成模型（Campbell & Cochrane，1999）、消费攀比模型（Abel，1990）、长期风险模型（Bansal & Yaron，2004）、基于财富偏好的资产定价模型（Bakshi & Chen，1994）、基于损失厌恶理论行为金融模型（Ang，Bekaert & Wei，2008）等。

以上模型的一个共同特征是假设资产收益及消费波动冲击为正态分布，忽略了现实数据的非正态分布特征，而灾难风险恰好弥补了这一缺陷。普雷斯科特（Prescott，1985）、雷茨

（Rietz，1988）提出将资产收益和消费的非正态厚尾事件加入股权溢价之谜模型。雷茨（Rietz，1988）发现低于2%的概率足够拟合历史股权溢价数据。巴罗（Barro，2006）构建了一个延伸雷茨（Rietz，1988）股权溢价模型，利用20世纪历史数据（世界大战和大萧条）校正了灾难概率，其结论是罕见经济灾难可以解释很多资产价格之谜，包括高股权溢价、低的无风险利率、股票回报波动等金融问题。加贝克斯（Gabaix，2012）将雷茨（Rietz，1988）假设和数据生成过程结合在一起，研究结论发现罕见灾难还可以解释宏观金融中的10个难题。沃切特（Wachter，2013）将Epstein—Zin偏好加入灾难研究中，发现时变灾难概率还可以较好地解释股票波动之谜。目前灾难风险模型研究成为全球资产定价及宏观经济分析的热门研究领域。

以上三类模型的一个共同之处是均假设消费的冲击是正态分布，而罕见灾难这一严重左偏的非正态分布被长期忽视。雷茨（Rietz，1988）最早在梅赫拉和普雷斯科特（Mehra & Prescott，1985）的框架下引入了灾难风险，数值模拟结果显示可以在合理的风险厌恶系数范围内，解释美国股票市场的股权溢价之谜等美国股票市场的典型事实。该研究成果发表后长达近20年的时间内并没有引起足够的重视，直到巴罗（Barro，2006）基于宏观经济数据直接校准出灾难风险的分布，进一步证明了灾难风险对股权溢价之谜等的解释作用。此后，罕见灾难风险模型获得了快速发展，成为解释股权溢价之谜的重要理论模型之一。

灾难理论的发展动态可以概括为以下几个方面：

第一，从常系数灾难风险模型向时变系数灾难风险模型发展。在灾难风险的早期文献中（Rietz，1988；Barro，2006；Barro & Ursua，2008）中，灾难发生的概率为常数，这类模型虽然能够解释股权溢价之谜，但是无法解释股权溢价的时变性。

为了解决这一问题，此后的理论建模多以时变灾难概率为主，通过引入灾难概率的 AR（1）过程或者平方根过程刻画灾难概率的时变性（Wachter，2013；Gabaix，2012）。

第二，对灾难风险的度量从基于宏观经济数据向基于资本市场数据发展。灾难的小概率特征为灾难风险的估计带来了挑战。早期的文献（Barro，2006；Barro & Ursua，2008）基于发达国家消费增长率数据来估计灾难分布。考虑到资本市场收益率信息包含了投资者对灾难风险的预期（Martin，2013a），近期的一些研究也从资本市场数据上估计隐含的灾难风险，具体包括基于期权市场数据的估计（Backus，Chernov & Martin，2011；Bollerslev，Gibson & Zhou，2011）、基于高频数据已实现跳跃波动率估计（Tauchen & Zhou，2011）和基于个股横截面数据的尾部风险估计（Kelly & Jiang，2013）等。

第三，灾难风险模型与长期风险模型或者消费习惯形成模型的融合发展。长期风险模型（Long Run Risk Model）和消费习惯形成模型（Habit Formation Model）是代表性投资者假设下另外两类用来解释股权溢价等资本市场典型事实的重要模型。消费习惯形成模型（Abel，1990；Campbell & Cochrane，1999；Constantinides，1990；Boldrin，Christiano & Fisher，2001）认为消费者当期消费的效用受到过去消费水平的影响，而长期风险模型（Bansa & Yaron，2004；Bansal，Kiku & Yaron，2007）假设主要宏观经济变量（消费增长率）包含了一个持续的、可预测的长期风险成分且波动存在时变性，外部冲击时会持续多期慢慢衰竭。这两类模型的一个共同假设是冲击的正态分布。

有研究者（Du，2011）结合灾难风险预期和消费者习惯形成，提出了一个一般均衡模型较好地解释了标准普尔 500（S&P500）指数期权的"波动率假笑"（Volatility Smirk），但是还没有文献结合灾难风险和消费者习惯形成研究股票市场问题。

班萨尔等（Bansal，Kiku & Yaron，2010）首次在长期风险模型中引入灾难风险（即加入跳跃成分），研究发现在消费增长的短期风险中加入跳跃对股权溢价没有什么影响，因此建议在消费增长的长期风险部分加入灾难风险。德雷克斯和雅伦（Drechsler & Yaron，2011）也在长期风险模型中加入了跳跃，用长期风险模型和灾难性风险模型结合在一起来解决期权定价问题。

与西方学术界公认存在股权溢价不同，对于我国股市是否存在股权溢价之谜还存在争论，并没有取得共识。究其原因，在于以下两个方面：

第一，由于我国股票市场发展比较晚，关于我国股权溢价的估计，样本期和估计方法的不同存在较大的差异性。例如，廖理和汪毅慧（2003）采用1997—2001年的数据估计出来我国的股权溢价为6.38%。朱世武和郑淳（2003）利用我国1995—2002年的数据计算我国的股权溢价为2.11%。程兵、张晓军（2004）利用我国1997—2001年的数据计算我国股权溢价波动巨大，有时为负。刘仁和（2004）利用我国1991—2001年的数据计算我国股权溢价为18.20%。陈李（2008）利用我国1993—2007年的数据计算我国股权溢价算术平均数是15.28%，而几何平均数是4.59%。杜海凤、王晓婷（2011）利用我国1991—2008年数据计算我国上海和深圳两个市场的股权溢价分别为30.044%和27.256%。

第二，由于检验是否存在股权溢价的方法不同而导致不同的结论。例如，李治国和唐国兴（2002）利用1994年第一季度到2001年第四季度的数据证明我国存在股权溢价之谜。刘仁和、郑爱明（2007）采用两阶段最小二乘法（2SLS）对我国投资者的跨期替代弹性进行了估计，认为我国股市存在股权溢价之谜，但是 Epstein—Zin—Weil 效用不能给出很好的解释。陈国进、黄伟斌等（2014）的研究发现中国股市存在股权溢价之谜，长期风险模型对股权溢价有一定的解释作用。肖俊喜、王庆石（2004）利用我国 1993—2003 年的数据采用广义矩法估计消费资本资产定价模型发现我国股票市场不存在股权溢价之谜。林鲁东（2007）使用 H—J 方差界检验了我国的股权溢价之谜，并比较了 CRRA、递归效用与习惯形成三种不同的效用函数下模型的定价能力。实证研究发现我国不存在股权溢价之谜。此外，丁宏、王灏（2010）验证了投资者异质性的存在提高了损失厌恶对股权溢价的解释力度，但没有对我国股权溢价之谜进行实证研究。

因此，本部分第一项工作是重新检验我国股市是否存在股权溢价。首先，我们扩大样本期利用我国 1996—2014 年的数据重新计算我国股权溢价，股票收益率计算考虑了以流通股市值为权重加权平均，考虑了配股、送股、拆细以及红利再投资的影响。由于对数收益率具有很多良好的统计特征，本部分将上述收益率结果再换算成对数收益率形式，无风险利率采用的是普遍认可的一年期储蓄存款利率。如果在一年中该利率发生变化，则按时间对其进行加权，然后再减去通货膨胀率，从而得到无风险实际利率。我们计算得到我国 1996—2014 年平均股权溢价为 8.642 7%。

其次，我们分别基于传统常相对风险厌恶幂效用函数及广义期望效用函数的消费资本资产定价模型下采用 H—J 最小方差界及随机贴现因子 GMM 检验我国股市是否存在股权溢价之谜，两种方法实证结果都认为我国股市确实存在股权溢价之谜。基于对相对风险厌恶系数的直接计算的结果显示，在 CRRA 效用函数下，基于经典的 CCAPM 模型，相对效用函数高达 213.25，远远大于 10 的合理范围。在广义期望效用函数（Epstein—Zin 效用函数）下，相对效用函数也高达 58.69，虽然与 CRRA 效用函数相比方向厌恶系数有所下降，但还是太高。基于 H—J 方差界的研究显示，在 CRRA 效用函数下，相对风险厌恶系数的区间为 160.97～238.58，而在广义期望效用函数下，相对风险厌恶系数的范围为 47.98～62.41，均远远高于 10。因此，我们的实证结果支持了李治国和唐国兴（2002）、刘仁和和郑爱明（2007）、陈国进和黄伟斌等（2014）的结论。

虽然我国金融学者已经从不同角度研究了我国股权溢价问题，从国际学术界的角度看，基于罕见灾难风险模型已经成为解释股权溢价的最重要模型之一，但是在我国还没有专门的文献从罕见灾难风险的角度研究解释我国股权溢价问题。本部分的第二项工作正是试图弥补国内学术界在这一领域的研究空白。

所谓罕见灾难风险（Rare Disaster Risk，以下简称灾难风险）是指发生概率很小，但是一旦发生会造成很大损失的灾难性事件的冲击。通常意义上，灾难事件主要包括严重的经济金融危机（如 1929—1933 年全球经济大萧条、1997 年亚洲金融危机、2007 美国次贷危机等）、世界大战和区域性战争、自然灾害（如 2005 年美国卡特里娜飓风、2011 年日本大地震等）等对宏观经济造成较大破坏的事件。由巴罗（Barro，2006）对 20 世纪 100 年的统计研究可知，1929—1933 年间主要工业国家（如美国、德国等）的人均实际国内生产总值下降幅度均在 16%～33%，两次世界大战期间，战区国家（如法国、德国等）的人均实际国内生产总值下降幅度最少达到 16%，最多达到惊人的 64%。

灾难风险主要通过两个渠道影响到资产价格，一是灾难实际发生造成对实体经济的重大损害，进而影响到资产价格和资产收益；二是投资者对灾难风险的预期。投资者的预期是指即使灾难事件实际上并没有发生，投资者基于对历史上发生灾难的认知，担心未来会发生灾难，从而要求有一个更高的风险溢价（贴现率），金融学家称这种影响机制为比索问题（Peso

Problem）。

　　虽然在国际文献中，对灾难风险的研究主要集中在灾难风险对股权溢价的影响上。雷茨（Rietz，1988）认为灾难风险是影响资本市场与宏观经济运行的重要因素，他首次将灾难险因素引入卢卡斯（Lucas）经济，并较好地解释了美国资本市场的股权溢价之谜。21 世纪以来，巴罗（Barro，2006）发展了这一理论，他详细统计了 20 世纪以来发生的较大的经济冲击，并进行明确的等级划分，成功地解释了资本市场的种种异象。2007年美国次贷危机以来灾难风险得到了更多学者的关注，巴罗（Barro，2009）运用灾难风险思想讨论福利成本与资产定价的关系加贝克斯（Gabaix，2008，2012）采用线性化工具分析了灾难风险对股票市场与债券市场的解释作用，并获得了相应的解析。马丁（Martin，2013a，2013b）在灾难风险理论的框架下采用高阶矩的形式探讨高阶项对资产价格的敏感性等。从灾难风险角度研究我国股权溢价的文献目前还很少。陈国进等（2015）拓展了马丁（Martin，2013a）的理论框架，其主要工作是探讨加入习惯形成后能否解决基于高阶矩的罕见灾难风险模型对于参数赋值过于敏感问题。袁靖、陈国进（2014）将灾难引入资本资产定价模型合理地解释了中国股市的波动性之谜。袁靖、陈国进（2015）将灾难引入非线性 DSGE 模型，更好地解释了我国长期国债风险溢价的非线性和时变性特征。

　　本部分第三项工作是检验灾难风险模型对我国股权溢价之谜的解释作用，参考沃切特（Watcher，2013）的研究，我们分别建立了常数灾难风险模型和时变灾难风险模型的资产定价模型并求解股权溢价。我们通过研究发现：第一，传统的不包含罕见灾难风险的 CCAPM 模型对于我国的股权溢价之谜几乎没有解释能力，不含灾难风险的模型下股权溢价为 0.93%，远远低于实际数据 8.642 7%，常数灾难风险模型下股权溢价为 5.71%，其解释能力远远高于不含灾难风险的经典 CCAPM 模型；而时变灾难风险模型的解释能力最好，达到 7.46%。第二，我们用夏普比率、人均消费增长率等作为参照系也得出了相同的结果；分阶段的研究结果也得出类似的结果，尤其股市"熊市"时变灾难模型更能体现灾难对投资者投资行为的影响从而影响资产价格风险溢价，表明我们的结论是稳健的。

资产定价与宏观经济活动密切相关，因此研究灾难风险对宏观经济波动是罕见灾难风险文献的自然延伸。在国际文献中，戈瑞欧（Guorio，2012）首次在一个 RBC 模型中分析了罕见灾难风险对经济波动的影响，认为包含罕见灾难的宏观经济模型可以更好地拟合美国宏观经济波动。戈瑞欧（Guorio，2013）进一步拓展到开放经济模型，认为包含罕见灾难风险的开放宏观经济模型可以很好地解释汇率远期溢价之谜。在国内文献中，陈彦斌（2009）等将灾难性预期引入到 Bewley 模型中，较好地解释了中国城镇居民的财产分布状况。庄子罐（2011）的实证分析显示灾难性事件在解释我国福利成本方面有重要作用，我国宏观稳定政策的收益主要来源于降低灾难发生的概率。陈国进等（2014）研究了罕见灾难风险对我国宏观经济波动的影响。这些文献从一个侧面佐证了本部分从罕见灾难风险角度解释我国股权溢价之谜的重要性。

综上所述，本部分可能的贡献包括：第一，扩大样本期对我国股权溢价进行重新合理计算，并分别基于直接模型（基于传统常相对风险厌恶幂效用函数及广义期望效用函数验）和 H—J 下界方法对我国股权溢价之谜做了双重检验；第二，在国内文献中首次从罕见灾难风险的角度研究我国股权溢价之谜，为理解我国股市风险溢价提供了新的分析思路。

本章结构安排如下：第二部分在重新估计我国股权溢价的基础上，分别基于对相对风险厌恶系数的直接估计（包含于传统效用函数及广义预期效用函数）和 H—J 方差界两种方法验证我国股市是否存在股权溢价之谜；第三部分构建模型，分别构建和求解了融入常数灾难及时变灾难风险的资产定价模型；第四部分为实证分析，采用常数灾难模型和时变灾难模型对现实数据进行模拟估计对比分析；第五部分为结论。

3.2　我国股权溢价计算及股权溢价之谜再检验

3.2.1　我国股权溢价计算

本部分采用中国经济数据库中我国上证 A 股股票收益率数据。关于股票市场收益率，刘仁和认为，国内许多学者计算市场收益率时，忽略了红利的回报，这样计算的股市收益率会有偏差（比实际值小）。按照国际学术界的惯例，应该将红利也包括进股市的回报中。本部分计算收益率考虑了以流通股市值为权重加权平均，考虑了配股、送股、拆细的影响以及红利再投资。股票收益率一般的计算方法通常有两种：一是采用对数收益率，二是采用百分比收益率。由于对数收益率具有很多良好的统计特征，因此在有关金融资产定价领域多采用对数收益率的形式。本部分将上述收益率结果再换算成对数收益率形式。

无风险利率采用的是选用一年期储蓄存款利率来代表无风险利率。如果在一年中该利率发生变化，则按时间对其进行加权，然后再减去通货膨胀率（CPI 环比数据），从而得到无风险实际利率。

本部分根据国内外众多学者的研究方法，也采用社会消费品零售总额作为总消费的代理变量。由于社会消费品零售总额的数据呈现出很强的季节性，因此本部分对社会消费品零售总额数据进行了移动平均调整。本部分根据中国经济数据库我国年度总人口数据，然后用社会消费品零售总额除以年度总人口得到代表性投资者的年度消费额，再换算成真实的消费增长率。以上数据均为季度数据，做年度化处理，将每年的股票实际对数收益率减去实际无风险利率得到年度股权溢价值。由于我国股市开始运行时间较短，尤其是早期规章制度及投资者股市操作尚不规范，因此本部分剔除 1992—1995 年数据，计算我国 1996—2014 年股权溢价算术平均值，并对股票实际对数收益率、实际无风险利率、消费增长率及变量间协方差计算整理如表 3.1 所示：

表 3.1　　　中国股票市场及消费的描述统计结果

$E(R_m)$	σ_m^2	$E(R_c)$	σ_c^2	$E(R_f)$	$Cov(R_m, R_c)$	$E(R_m - R_f)$
8.985 5%	43.002 7%	0.106 9%	0.035 3%	0.338 2%	0.144 7%	8.642 7%

表 3.1 中，$E(R_m)$ 和 σ_m^2 代表股票实际对数收益率均值及标准差，$E(R_c)$ 和 σ_c^2 代表人均消费增长率均值及标准差，$E(R_f)$ 代表实际无风险利率均值，$Cov(R_m, R_c)$ 代表股票实际对数收益率与人均消费增长率协方差，$E(R_m - R_f)$ 为我国 1996—2014 年平均股权溢价。

我们由我国股票实际对数收益率及无风险实际利率计算我国 1996—2014 年股权溢价平均值为 8.642 7%，与廖理、汪毅慧（2003）股权溢价计算结果相近，我国股票实际对数收益率均值为 8.985 5%，标准差为 43.002 7%，而我国消费增长率标准差仅为 0.035 3%，我国股票实际对数收益率与我国消费增长率协方差为 0.144 7%，我国股权溢价较高，而消费增长率数据较平缓，两者协方差较小，因此可能存在股权溢价之谜，即标准资本资产定价模型无法解释现实数据的高股权溢价。

3.2.2　股权溢价之谜检验方法

我们分别用两种方法来验证我国是否存在股权溢价之谜，从而达到相互印证的结果。第一是根据消费资本资产定价模型（CCAPM）推导而得出的相对风险厌恶系数估计式，如果估算出的相对风险厌恶系数远大于10，则说明存在着股权溢价之谜，我们分别在 CRRA 效用函数和 Epstein—Zin 效用函数下直接估计相对风险厌恶系数，梅赫拉和普雷斯科特（Mehra & Prescott，1985）正是基于这一方法，在 CRRA 效用函数下发现美国股市的股权溢价之谜的，我们将其拓展到 Epstein—Zin 效用函数。第二是利用 Hansen—Jagannathan 最小方差界（H—J 最小方差界），即随机贴现因子的理论最小方差，通过比较 H—J 最小方差界与随机贴现因子的实际方差来判断是否存在股权溢价之谜，如果实际方差小于理论最小方差，说明存在着股权溢价之谜。

3.2.2.1　基于 CCAPM 模型相对风险厌恶系数的直接估计

考虑一个纯交换经济，代表性消费者的跨期选择问题，消费者可以自由投资于资产 i 以最大化预期效用，其目标函数为：

$$\max E_t \Big[\sum_{j=0}^{\infty} \delta^j U(C_{t+j}) \Big]$$

预算约束为：

$$W_{t+1} = (W_t - C_t) \sum_{i=0}^{N} w_{i,t}(1 + R_{i,t+1})$$

$$\sum_{i=0}^{N} w_{i,t} = 1$$

上式中，E_t 为基于第 t 期信息的条件期望，δ 为消费者时间偏好，C_{t+j} 为代表性消费者第 $t+j$ 期的消费，$U(C_{t+j})$ 为第 $t+j$ 期消费带来的效用，W_t 为消费者拥有的财富水平，$R_{i,t+1}$ 为资产 i 在第 $t+1$ 期的收益率，$w_{i,t}$ 为资产 i 在消费者投资组合中的份额，N 为资产数量。通过建立 *Bellman* 方程求解模型，得到消费者最优消费和投资决策所遵循的欧拉方程为：

$$1 = E_t \left[(1 + R_{i,\,t+1}) M_{t+1} \right]$$

$$M_{t+1} = \frac{\delta U'(C_{t+1})}{U'(C_t)}$$

上式中，M_{t+1} 被称为随机贴现因子，由时间贴现因子和效用函数对消费一阶导数决定。通过上式可以看出，基于该模型经济中存在着唯一的随机贴现因子使其可以对任何一种资产进行定价，即任何一种资产的总收益率与该随机贴现因子的乘积的条件期望都等于 1。风险溢价与相对风险厌恶系数之间的关系可以表述如下：随机贴现因子由效用函数对消费的一阶导数决定，而效用函数由消费和相对风险厌恶系数所决定，因此随机贴现因子可以由消费和相对风险厌恶系数表达。下面对传统幂效用函数（CRRA）及广义期望效用函数（Epstein—Zin—Weil 效用函数）的资产定价模型股权溢价进行检验。

第一，CRRA 效用函数。在常系数相对风险厌恶系数效用函数（CRRA）下，消费者的相对风险厌恶系数为常数，CRRA 的表达式为：

$$U(C_t) = \frac{C_t^{1-\gamma} - 1}{1 - \gamma}$$

随机贴现因子的表达式可得出：

$$M_{t+1} = \delta \left(\frac{C_{t+1}}{C_t} \right)^{-\gamma}$$

整理后可得股权溢价的公式为：

$$E\left[R_{i,\,t+1} - R_{f,\,t+1} \right] + \frac{\sigma_i^2}{2} = \gamma \sigma_{ic}$$

上式中，σ_c 为消费增长率标准差，$R_{i,\,t+1}$ 为资产收益率，$R_{f,\,t}$ 为无风险资产收益率，γ 为消费者风险规避系数，σ_{ic} 为资产收益率与消费增长率协方差。

换言之，相对风险厌恶系数的公式为：

$$\gamma = \frac{E_t(R_{i,\,t+1} - R_{f,\,t+1}) + \frac{\sigma_i^2}{2}}{\sigma_{ic}}$$

上式中，σ_i^2 为消费增长率标准差，$R_{i,\,t+1}$ 为资产收益率，$R_{f,\,t}$ 为无风险资产收益率，γ 为消费者风险规避系数，σ_{ic} 为资产收益率与消费增长率协方差。

从相对风险厌恶系数的估算式可以看出：相对风险厌恶系数与风险溢价正相关，与消费增长率和股票收益增长率的协方差负相关；在风险溢价较高的情况下，如果消费增长率和股票收益率增长率之间的相关系数很小，就需要很高的相对风险厌恶系数来解释股权溢价。梅赫拉和普雷斯科特（Mehra & Prescott，1985）提出的"股权溢价之谜"正是基于此，他们在对美国数据进行实证检验后发现股权风险溢价很高，而人均消费增长率和股票收益增长率之间的相关性很小，这就需要很高的相对风险厌恶系数来解释股权溢价，估算出的相对风险厌恶系数远远高于其合理区间 [1，10]。

第二，广义期望效用函数。基于 CRRA 效用函数存在的一个问题是 CRRA 效用函数隐含的一个假设是相对风险厌恶系数和消费跨期替代弹性之间存在负的相关关系，但是这一隐含假设很难在经济学上成立，因为相对风险厌恶系数代表经济主体在不同经济状态下的消费替代意愿，而跨期替代弹性代表的是经济主体在不同时间点上消费替代意愿，没有理由认为这两者之间存在互为倒数关系。为了克服 CRRA 效用函数存在的这个缺陷，研究者（Epstein & Zin，1989；Weil，1989）发展了广义期望效用函数，淡化了跨期替代弹性与相对风险规避系数之间的关系，学者称之为 Epstein—Zin—Weil（1989）效用函数，其目标函数递归的定义为：

$$U(C_t) = \left\{ (1-\delta) C_t^{1-\frac{1}{\psi}} + \delta \left(E_t U_{t+1}^{1-\gamma} \right)^{\frac{1}{\theta}} \right\}^{\frac{\theta}{1-\gamma}}$$

上式中，δ 为时间贴现因子，$\theta \equiv \dfrac{1-\gamma}{1-1/\psi}$，$\psi$ 为居民消费的跨期替代弹性（EIS），当 $\theta = 1$ 时该效用函数就退化为 CRRA 效用函数。该效用函数的随机贴现因子为：

$$M_{t+1} = \left[\delta \left(\frac{C_{t+1}}{C_t} \right)^{-\psi} \right]^{\theta} \left(\frac{1}{1+R_{m,t+1}} \right)^{1-\theta}$$

进一步可得股权溢价公式为：

$$E_t \left[R_{i,t+1} - R_{f,t+1} \right] + \frac{\sigma_i^2}{2} = \theta \frac{\sigma_{ic}}{\psi} + (1-\theta) \sigma_{iw}$$

这就是说，资产 i 的风险溢价是资产 i 与消费增长的协方差（除以跨期替代弹性）和资产 i 与财富回报的协方差的权重组合，该权重分别是 θ 和 $1-\theta$。

3.2.2.2 基于 H—J 最小方差下界的检验

Hansen—Jagannathan 最小方差界（H—J 最小方差界）是基于欧拉方程提出的随机贴现因子最小方差界。该理论可用于检验任何一种资产定价模型。其提出者（Hansen & Jagannathan，1991）首先构造了候选随机贴现因子，通过推导可以得知，候选随机贴现因子的方差就是随机贴现因子的最小理论方差，即如果随机贴现因子的实际方差小于理论方差，则存在着股权溢价之谜。因为随机贴现因子与效用函数对消费的一阶导数相关，如果消费数据很平滑、波动性很小，那么随机贴现因子的波动性也不高，其实际方差也就较小。H—J 最小方差界的优点在于其推导过程是基于非参数的推导，对消费过程的参数限制较少，并且推导结果直观易懂，便于检验。H—J 最小方差界构造如下：

构造候选随机贴现因子 M_t^*：

$$M_t^* = E(M) + [R_t - E(R_t)] \times \beta$$

根据方差展开式可以得到：

$$Var(M_t) = Var(M_t^*) + Var(M_t - M_t^*) + 2Cov(M_t^*, \ M_t - M_t^*)$$
$$= Var(M_t^*) + Var(M_t - M_t^*) \geqslant Var(M_t^*)$$

得到 M_t^* 的方差：

$$Var(M_t^*) = [1 - E(M)E(R_t)]^2/Var(R_t)$$

上式右边就是构造的 H—J 最小方差界，也就是给出了随机贴现因子的理论最小方差。如果随机贴现因子的实际方差小于 H—J 最小方差，则拒绝该种资产定价模型。在本部分中拒绝 CCAPM 模型，说明资本市场存在股权溢价之谜。因为随机贴现因子的波动与消费增长率的波动和相对风险厌恶系数都密切相关，当消费增长率的波动较小时，只有通过设置较高的相对风险厌恶系数才能使随机贴现因子具有较大的波动性，才能保证随机贴现因子实际方差大于 H—J 最小方差。H—J 最小方差界是基于不同角度对资产定价进行的检验，运用该方法能够增强实证结果的说服力。

这两种方法具有内在的一致性，本质原因都在于人均消费的数据比较平稳，与高度波动的市场组合收益相关性很小。在方法一中，这一相关性描述直接被用于计算相对风险厌恶系数上，而在方法二对最小方差的估算上，尽管大部分只是数学的推导，并没有对经济过程设置较多的限制，但随机贴现因子本身就与消费效用函数对消费一阶求导高度相关，如果需要随机贴现因子具有较高的方差，可以超过最小方差界，那么就需要波动的消费数据来支撑，也就需要人均消费增长率的波动性很高，这又回到了股权溢价之谜的本质上来。可见这两种方法虽然形式不同，但具有一致的经济含义。当然，基于 H—J 最小方差界的方法是基于非参数模型，不需要具体的效用函数，因此两种方法可以相互印证，提高结论的稳健性。

3.2.3 我国股权溢价之谜检验结果——基于 CCAPM 模型下相对风险厌恶系数的直接计算

3.2.3.1 CRRA 效用函数下我国股权溢价之谜检验

由上文计算结果可知，我国 1996—2014 年平均股权溢价为 8.642 7%，我国消费增长率标准差仅为 0.000 353，我国股票实际对数收益率与消费增长率协方差为 0.144 7%，由此计算我国消费者相对风险规避系数为 213.25（刘仁和的计算结果为 255.05），远远大于合理的风险规避系数范围（Mehra 和 Prescott 认为应在 10 以内），说明我国存在股权溢价之谜。

3.2.3.2 广义期望效用函数下我国股权溢价之谜检验

广义期望效用函数下系数估计学者多采用两阶段最小二乘法（2SLS）和 GMM 估计，由于 GMM 方法为非参数方法，假设条件要求较少，因此使用领域更为广泛，本部分采用 GMM 估计方法。在使用 GMM 估计时，要求所有的变量必须是平稳的，这样才能保证所估计出来的系数是稳健的，因此在估计前，先对数据进行平稳性检验。表 3.2 为各变量单位根 ADF 检验结果。

表 3.2 变量平稳性检验

变量	ADF 检验值	检验形式	不同显著性水平临界值			结论
			1%	5%	10%	
股票实际对数收益率（R_m）	-5.22	C (t, 0, 1)	-3.85	-3.04	-2.66	平稳
无风险利率（R_f）	-7.28	C (t, 0, 1)	-3.85	-3.04	-2.66	平稳
人均消费增长率（c_t）	-6.21	C (t, 0, 1)	-3.85	-3.04	-2.66	平稳

检验结果显示所有变量均为平稳的，接着对变量进行正态性检验，采用 Jarque—Bera 统计量检验结果如表 3.3 所示：

表 3. 3   变量正态性检验

变量	Jarque—Bera 统计量检验值
股票实际对数收益率	0.31（0.89）
无风险利率	16.77（0.00）
人均消费增长率	2.33（0.59）

注：括号内为检验统计量尾概率 p 值。

检验结果显示我国股票实际对数收益率及消费增长率均不服从正态分布，李治国和唐国兴（2002）假设资产收益和消费服从联合对数正态分布来估计 CCAPM 模型中各参数可能存在不一致性。GMM 估计没有数据分布假定，汉森（Hansen，1982）也证明了 GMM 估计在没有这一假定下估计的渐近一致和有效性。

参照肖俊喜、王庆石的研究，我们采用如下 GMM 估计工具变量组选定（即股票实际收益率、无风险利率及消费增长率三变量及各一阶、二阶滞后）：

$\{C, R_{m,t}, R_{f,t}, \Delta c_t, R_{m,t-1}, R_{f,t-1}, \Delta c_{t-1}, R_{m,t-1},$
$R_{f,t-2}, \Delta c_{t-2}\}$

对各个参数估计结果如表 3.4 所示：

表 3. 4   参数估计结果

参数	估计值
风险规避系数	58.69***（0.00）
跨期替代弹性	1.21***（0.005）
J 统计量	0.21［0.89］

注：上标"***"表示在 1%、5% 和 10% 的水平下统计上显著地拒绝零假设。圆括号中是各变量的标准误差，方括号中是尾概率 p 值。

该结果说明了在通常显著水平下证明广义期望效用模型的

参数估计是有效的，估计出来的风险规避系数及跨期替代弹性在1%的显著水平下统计上是显著的。估计结果显示我国消费者相对风险规避系数为58.69，比CRRA效用函数资产定价模型估计结果相对小一些，但仍没有达到合理范围之内，跨期替代弹性为1.21，显著不等于0，跨期替代弹性较小允许风险规避系数较大仍没有能够解释我国股权溢价之谜。

3.2.4 H—J最小方差界下我国股权溢价之谜检验

3.2.4.1 CRRA效用函数与最小方差界

根据随机贴现因子SDF的计算公式和股票实际对数收益率数据，通过变动SDF均值，计算得出H—J方差界（图3.1中抛物线），由于H—J方差界规定了SDF方差的下界，因此抛物线上方为SDF方差的可行域，如果模型的SDF方差落入该区域，说明该模型可以为资产正确定价，反之则不能为资产正确定价，从而拒绝该模型。

在CRRA效用函数下，模型对应的SDF有两个关键参数，即消费者时间偏好参数δ和消费者风险规避参数γ。我国学者申树斌（2002）对我国居民消费时间偏好的估计实证分析显示，我国居民消费从单期行为向跨期替代行为转变，高储蓄倾向明显，我国居民消费时间偏好参数连续时间模型下为0.04，因此本部分参照其估计结果选取离散时间模型下$\delta = 0.96$。参照林鲁东（2007）股权溢价之谜检验的H—J方差界方法，设置γ的初始值为0.1，依次以0.1递增，根据我国人均消费数据计算出SDF及其均值方差。梅赫拉和普雷斯科特（Mehra & Prescott）及很多学者普遍认可γ的上限为10，如果达到可行域所需γ值大于10，则证明我国存在股权溢价之谜，反之则不存在。

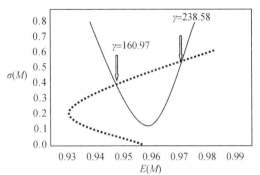

图 3.1　CRRA 效用函数下 H—J 方差界与相对风险规避系数

图 3.1 显示，当 $\delta = 0.96$ 时，基于 CRRA 效用函数的 SDF 的 γ 为 160.97 ~ 238.58，可以正确为资产定价，由于其远远大于 10，因此证明我国存在股权溢价之谜。

3.2.4.2　广义期望效用函数与最小方差界

广义期望效用函数下，随机贴现因子 SDF 受到三个参数的影响：消费者时间偏好参数 δ、消费者风险规避参数 γ 及居民消费的跨期替代弹性 ψ。我国学者杨子晖（2006）对我国居民消费的跨期替代弹性的估计结果为 2.0 左右，本部分设定为 2.0，同样给定 $\delta = 0.96$，设置 γ 的初始值为 0.1，依次以 0.1 递增。根据我国人均消费数据及股票实际对数收益率数据计算出 SDF 及其均值方差，通过变动 SDF 均值，计算得出 H—J 方差界（图 3.2 中抛物线）。由于 H—J 方差界规定了 SDF 方差的下界，因此抛物线上方为 SDF 方差的可行域，如果模型的 SDF 方差落入该区域，说明该模型可以为资产正确定价，反之则不能为资产正确定价，从而拒绝该模型。

图 3.2 显示，当 $\delta = 0.96$，$\psi = 2.0$ 时，基于广义期望效用函数的 SDF 的 γ 为 47.98 ~ 62.41 可以正确为资产定价，显然比 CRRA 效用函数下资本资产定价模型更有效，但由于其仍然大于 10，因此证明我国存在股权溢价之谜。通过采用 H—J 方差界方

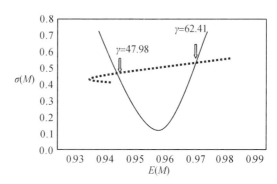

图 3.2　广义期望效用函数下 H—J 方差界与相对风险规避系数

法与前文随机贴现因子估计方法结果一致。这两种方法的估算结果显示存在股权溢价之谜的根本原因都在于人均消费的数据较平稳。这两种方法虽然形式不同，但具有一致的经济含义，因此实证检验得到相同的结果。

通过上述双重检验证明我国的确存在股权溢价之谜，仅改变效用函数无法解释我国股权溢价之谜。基于此本部分将采用引入灾难风险与广义期望效用函数的资产定价模型解释我国股权溢价之谜。

3.3　引入灾难的资产定价模型构建和求解

关于灾难对于股权溢价之谜能够解释的经济含义学者们的理解是由于灾难的非正态厚尾分布和人们的预防性储蓄。根据巴罗（Barro，2006，2009）的研究，灾难幅度的分布呈典型的非正态厚尾分布。雷茨和巴罗（Reitz & Barro）在估计模型时采用校准方法，对一个可能以每年 1.7% 的概率发生，损失为当年国内生产总值的 25% 的灾难，社会愿意减少每年近 20% 的国内生产总值来消除这种潜在的灾难。由此可知，当未来的经济周期波动可能造成消费的大幅下降时，即便这一概率很小，人们也愿意牺牲相当大的福利来消除它，这一现象称为"预防性储蓄"（Kimball & Weil，2009）。

本部分借鉴沃切特（Wachter，2013）的模型设置，在雷茨（Rietz，1988）和巴罗（Barro，2006）模型基础上一方面引入时变灾难概率，另一方面采用广义期望效用函数。这样一来模型产生的股票收益波动率在合理参数假设下非常接近现实数据。时变罕见灾难概率产生时变折现率，灾难概率上升，股票要求的溢价就会上升，投资者折现未来现金流就会上升。通过这个机制，时变灾难概率就会产生大的股票波动率，但本部分没有考虑违约。

本部分首先构建和求解带有广义期望效用和不变灾难概率的模型，灾难风险通过泊松过程跳跃引入消费增长的标准离散模型。本部分接着引入时变灾难概率及广义期望效用函数，得到模型封闭解，时变灾难概率通过服从单位根过程的跳跃引入。模型构建框架是基于消费资产定价模型，借鉴加贝克斯（Gabaix，2013）的线性数据生成过程及状态价格密度函数，得到股票等资产价格封闭解，从而推导股息及股权溢价，消费函数中以带有跳跃的泊松过程引入灾难，泊松过程的参数表示灾难概率，也可以为常数，可以为时变参数。

3.3.1 常数灾难模型

3.3.1.1 模型假设

假设消费服从以下微分方程：

$$dC_t = \mu C_{t-1}dt + \sigma C_{t-1}dB_t + (e^{Z_t} - 1)C_t - dN_t$$

上式中，N_t 是带有参数 λ 的泊松过程，Z_t 是随机变量，分布独立于 N_t 和 B_t，C_{t-1} 代表 $\lim_{s\uparrow t}C_s$，C_t 代表 $\lim_{s\uparrow t}C_s$。这里的 C_t 代表

消费，B_t 为标准布朗运动，N_t 为经济波动冲击（当其为负值时可以理解为经济灾难），$\mu C_{t-1} dt + \sigma C_{t-1} dB_t$ 代表没有灾难时期的消费。也就是说，没有灾难时，对数消费增长率期望为 $\mu - \frac{1}{2}\sigma^2$，方差为 σ^2，μ 和 σ 为常数，则消费增长率波动稳定服从正态分布；当灾难发生时，λ 是在给定单位时间内发生的概率，λ_2 则代表灾难发生强度。比如 λ 在给定时间 τ 内的发生概率等于 $e^{-\lambda x}\frac{(\lambda\tau)^k}{k!}$，$\tau$ 以年为单位。根据巴罗（Barro, 2006）[①] 的分析，λ 设定为 0.017，意味着一年内灾难发生一次的概率是 0.016 7，灾难发生两次的概率为 0.000 14，以此类推。

根据达菲和埃波斯坦（Duffie & Epstein, 1992）的研究，假设采用以下广义期望效用函数：

$$V_t = E_t \int_t^{\infty} f(C_s, \ V_s)\, ds \tag{3.1}$$

$$f(C, \ V) = \frac{\beta}{1 - \frac{1}{\psi}} \frac{C^{1-\frac{1}{\psi}} - \left[(1-\gamma)V\right]^{\frac{1}{\psi}}}{\left[(1-\gamma)V\right]^{\frac{1}{\psi}}} \tag{3.2}$$

$\theta = \dfrac{1-\gamma}{1 - \dfrac{1}{\psi}}$，$V_t$ 代表未来消费流效用，（3.1）式和（3.2）式

定义了研究者（Epstein & Zin, 1989；Weil, 1990）的效用函数，$\beta > 0$ 为时间偏好比率，$\psi > 0$ 为跨期替代弹性，$\gamma > 0$ 为相对风险规避系数。广义期望效用函数分离了消费者的相对风险厌恶和跨期替代弹性。

---

① 巴罗（Barro, 2006）统计了 20 世纪的 100 年间来自全球 35 个具有代表性的国家灾难发生的次数为 60 次，则平均每年一个国家发生灾难的概率为 0.017 [$\approx 60/(35 \times 100)$]。其中，这 35 个国家分别为 20 个经济合作与发展组织（OECD）国家、8 个拉丁美洲国家和 7 个亚洲国家。

3.3.1.2 模型解

给定风险资产定价核心 π_t，任何风险资产价格均服从无套利原则，根据已有研究（Duffie & Skiadas，1994）：

$$\pi_t = \exp\Big[\int_0^t f_V(C_s，V_s)\,ds\Big]f_C(C_t，V_t) \tag{3.3}$$

假设 Y_t 代表股息，根据阿贝尔（Abel，1999）和坎贝尔（Campbell，2003）的研究，设 $Y_t = C_t^\phi$，C_t 为消费，ϕ 为消费增长率，根据 Ito 定理得到股票价格变动服从如下过程：

$$dY_t = \mu_Y Y_{t-}dt + \varphi\sigma Y_{t-}dB_t + (e^{\varphi Z_t} - 1)Y_{t-}dN_t \tag{3.4}$$

设 $F(Y_t)$ 代表股息所有权（也就是股票价格 Y_t 的函数），得到：

$$\mu Y + l_Y^{-1} = \phi\gamma\sigma^2 + \lambda E_v[e^{\phi Z} - 1] - \lambda E_v[e^{(\phi-y)z} - 1] \tag{3.5}$$

设 r^e 代表股息的瞬时收益，r^e 等于均值加上股息再加上价格预期跳跃，股利价格比率为常数意味着价格的比例漂移等于股息的比例漂移，而价格的预期比例跳跃等于股息过程的预期比例跳跃，因此得到：

$$r^e = \mu_Y + l_Y^{-1} + \lambda E_v[e^{\phi Z} - 1] \tag{3.6}$$

得到股权溢价为：

$$r^e - r = \phi\gamma\sigma^2 + \lambda E_v[e^{-\gamma Z}(1 - e^{\phi Z}) + e^{\phi Z} - 1] \tag{3.7}$$

（3.7）式的股权溢价的第一项 $\phi\gamma\sigma^2$ 等于风险规避系数乘以消费过程和股息过程的瞬时方差，为没有灾难发生时的股权溢价，第二项是灾难发生时的风险补偿，同样的由于 $Z<0$，股权溢价里的灾难风险项分布是正的，并且随强度 λ 而增大，此时股权溢价的大小不仅依赖于风险规避，还依赖于跨期替代弹性的取值。

至此本部分首先根据消费价值函数引入罕见灾难，然后将其运用到无套利资产定价，得到股权溢价，接下来推导时变灾难模型下的股权溢价。

3.3.2 时变灾难模型

由于时变罕见灾难概率产生时变折现率，灾难概率上升，股票要求的溢价就会上升，投资者折现未来现金流就会上升。通过这个机制，时变灾难概率就会产生大的股票波动率，因此可以解释股票高波动率之谜。由于该模型的这一优点，近年来学者研究灾难模型往往采用时变灾难模型。

考虑灾难强度 λ 不是常数，而是服从如下随机过程：

$$d\lambda_t = k\left(\bar{\lambda} - \lambda_t\right) dt + \sigma_\lambda \sqrt{\lambda_t} dB_{\lambda,t}$$

假设布朗运动过程 $dB_{\lambda,t}$ 独立于 B_t，布朗过程驱使消费发生变动，给定价值函数，可以计算出状态价格密度函数，因此可以在无套利条件下对任何风险资产进行定价，根据 Bellman 等式得到：

$$a'_\phi(t) = \mu_Y - \mu - \beta + \gamma\sigma^2 - \gamma\sigma^2\phi + k\bar{\lambda}b_\phi(t) \qquad (3.8)$$

边界值为：

$$a_\phi(0) = b_\phi(0) = 0$$

上式中，$a_\phi(t)$ 代表到期期限对股息所有权的效应，（3.8）式意味着到期期限增加，a_ϕ 随预期股息增长而增长，随无风险利率增加而减小，$b_\phi(t)$ 代表到期期限与 λ_t 相互作用的效应，其中 $E_v\left[e^{\phi-\gamma Z} - e^{(1-\gamma)Z}\right]$ 融合了股权溢价、无风险利率和现金流效应，$b\sigma_\lambda^2 b_\phi(t)$ 为股权溢价，$\frac{1}{2}\sigma_\lambda^2 b_\phi(t)^2 - kb_\phi(t)$ 为 λ_t 未来变化对价格的效应。

计算得到股权溢价为：

$$r^e - r^b = \phi\gamma\sigma^2 - \lambda_t b\sigma_\lambda^2 + \lambda_t E_v\left[e^{\phi Z} - e^{(\phi-\gamma)Z} + (1-q)(e^{-\gamma Z} - 1) + q(e^{(1-\gamma)Z} - e^Z)\right] \qquad (3.9)$$

上式中，第一项 $\phi\lambda\sigma^2$ 为风险规避乘以与消费的协方差，q 为灾难过程均值回复参数，后两项为时变风险灾难导致的风险补偿。

至此得到时变罕见灾难下股权溢价计算公式。

采用灾难和广义期望效用函数解释股权溢价的内在经济含义是：在经济景气时期，预期增长率上升，未来消费水平更高，边际效用下降，因此股票收益率上升，股权溢价增加；在经济衰退或灾难时期，人们预期未来经济会大幅下降，因此未来消费水平下降，边际效用上升，股票收益率下降，股权溢价减小。但是只采用广义期望效用函数解释股权溢价是做不到的，维尔（Weil，1990）的研究表明如果不引入灾难，仅使用广义期望效用函数不仅得到的股权溢价很小，还会产生高的无风险利率之谜。

3.4 基于灾难风险资产定价模型对我国股权溢价之谜的解释

3.4.1 模型参数校正

在本部分模型中，需要校正的参数包括模型刻画现金流参数和刻画偏好参数。

3.4.1.1 灾难参数计算

对于灾难概率，根据陈国进等（2014）的研究应设定为0.05，与陈彦斌等（2009）用于模拟我国居民财产分布时采用的灾难风险概率0.03相近。根据泊松过程计算出灾难过程均值回复为0.014 2，灾难过程波动率参数为0.07。

根据灾难参数，对 λ 密度函数制图如图3.3所示：

由于无条件期望 $\bar{\lambda}$ 为0.032，分布右偏，属于厚尾分布，与巴罗（Barro，2009）利用灾难厚尾分布成功解释股权溢价相一致，图形显示右边拖着长尾巴，这意味着罕见灾难出现概率很大，但这种大概率的罕见灾难出现机会很少。

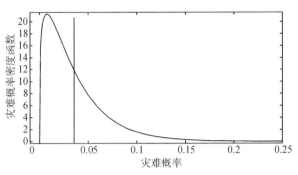

图 3.3　灾难概率密度分布图

3.4.1.2　其他参数校正

无灾难时消费平均增长率及无灾难时消费增长波动率根据实际数据计算得到，风险规避系数假定为3.0，跨期边际替代率根据杨子晖（2006）的估计结果选取2.0，对我国居民消费的时间偏好参数根据申树斌（2002）的估计结果选取0.96，模型所有参数校正值如表3.5所示：

表 3.5　　　　　　　　模型参数校正值

现金流参数	
无灾难时消费平均增长率（μ）	0.035
无灾难时消费增长波动率（σ）	0.037
灾难出现平均概率（$\bar{\lambda}$）	0.032
灾难过程均值回复（K）	0.014
灾难过程波动率参数（σ_λ）	0.070
偏好参数	
时间偏好（β）	0.96
风险规避系数（γ）	3.00
跨期边际替代率（ψ）	2.00

3.4.2 实证分析

3.4.2.1 无灾难模型与嵌入灾难模型解释股权溢价的差异比较

为了比较无灾难模型、常数灾难模型和时变灾难模型能够解释的股权溢价，制图如图 3.4 所示：

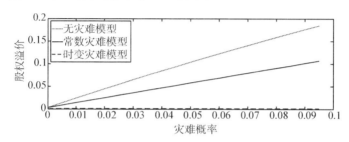

图 3.4　股权溢价随灾难概率变化图

图 3.4 显示，如果不考虑灾难，资产定价模型能够解释的股权溢价几乎为 0，而时变灾难模型相比常数灾难模型能够解释的股权溢价显著增大，随着灾难概率增大，能够解释的股权溢价增大，这一结论与理论相符。

3.4.2.2 灾难风险对 Sharpe 比率波动解释

由于超额资产回报率再除以资产回报的标准差是资产的对数 Sharpe 比率，Sharpe 比率衡量了资产回报风险，又是验证股权溢价之谜是否存在的关键变量，因此本部分根据模型计算我国 A 股市场的 Sharpe 比率，并将其与灾难概率制图如图 3.5 所示：

图 3.5 显示，Sharpe 比率随灾难概率增大而增大，由于灾难概率增加，单位风险下的期望收益就会增加，因此与理论相一致。

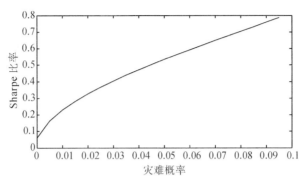

图 3.5　Sharpe 比率与灾难概率关系图

3.4.2.3　无灾难模型与嵌入灾难模型变量特征值拟合结果比较

将实际数据与无灾难模型、常数灾难模型及时变灾难模型计算各变量特征值统计结果如表 3.6 所示：

表 3.6　　　　　　　变量特征值计算比较表　　　　单位：100%

	原始数据	无灾难模型	常数灾难模型	时变灾难模型
股权溢价	8.642 7	0.93	5.71	7.46
Sharpe 比率	37.81	14.56	29.11	35.80
人均消费增长率	0.11	0.00	0.01	0.12

模型模拟结果显示无灾难模型股权溢价计算结果为 0.93%，几乎没有解释能力，常数灾难模型计算得到的股权溢价是5.71%，时变灾难模型计算得到的股权溢价是 7.46%，说明考虑灾难模型有很强解释能力，而时变灾难模型更有说服力。

我国股票市场 Sharpe 比率是 0.378 1，无灾难模型计算结果为 0.145 6，常数灾难模型计算结果为 0.291 1，时变灾难模型计算结果为 0.358；采用无灾难模型计算消费增长率均值结果为0.000 1%，常数灾难模型计算结果为 0.013 6%，时变灾难模型计算结果为 0.117 2%，模型对于消费增长率拟合效果很好。

时变灾难模型对各变量数学特征描述均优于无灾难模型和常数灾难模型，无灾难模型对于股权溢价及消费增长率几乎没有解释能力，而时变灾难模型在解释股权溢价方面说服力更强，时变灾难模型在不需要假设高的风险规避系数下也可以很好地解释中国现实数据的股权溢价。

3.4.2.4 分段模拟

分析我国股票收益率及消费增长率数据可以发现我国股市和经济发展由于受到 1997 年亚洲金融危机的影响，1996—1998 年股市股票收益率波动率大幅下跌，1998 年后回升，接着受到 2002 年金融危机的影响，我国股市 2000—2005 年进入"熊市"，2005—2007 年有所回升，而美国次贷危机引发全球又一轮金融危机，我国股市 2007—2011 年进入"熊市"，2011 年后回升。相比较而言，消费增长率波动较平滑，1993—1994 年消费增长率有所下降，与股市波动一致，而 1997—1998 年、2002—2003 年期间没有下降反而平缓增长，2004 年略有下降，我国居民消费增长率也没有受到 2007 年次贷危机影响，2007 年之后一直平滑增长。

本部分选取 2005—2007 年与 2007—2011 年样本期，即选取一轮"牛市"和一轮"熊市"数据进行模型拟合计算，对比结果如表 3.7 和表 3.8 所示：

表 3.7　　　　2005—2007 年变量特征值计算比较表　　单位：100%

	原始数据	无灾难模型	常数灾难模型	时变灾难模型
股权溢价	44.79	3.22	27.85	39.21
人均消费增长率波动率	0.11	0.00	0.07	0.09

| 表 3.8 | 2007—2011 年变量特征值计算比较表 | | 单位：100% |

	原始数据	无灾难 模型	常数灾难 模型	时变灾难 模型
股权溢价	0.26	0.00	0.13	0.27
人均消费 增长率波动率	0.15	0.00	0.10	0.14

模型模拟结果显示，不论是"牛市"还是"熊市"，添加灾难的资产定价模型对于股权溢价及消费增长率波动率拟合效果都大大优于无灾难模型，而时变灾难模型比常数灾难模型拟合效果更好。

相比较而言，"熊市"拟合效果优于"牛市"拟合效果，尤其是股权溢价，这一结果符合灾难解释高股权溢价的理论。首先，即便是在正常经济状态下，投资者也会对资产未来可能面临的系统性风险要求一个正的风险溢价，因此投资者会对未来影响资产价格的可能灾难赋予一个正的概率。另外，灾难对于股权溢价之谜能够解释的经济含义是由于灾难的厚尾分布和人们的预防性储蓄，因此"熊市"期间考虑灾难影响对资产定价更贴近现实。

我国消费数据及模型拟合结果显示我国居民存在消费习惯特征，因此今后构建消费资产定价模型应考虑这一特征。

3.4.2.5 股票超额收益率预测

股票市场的收益率是资本市场的基本衡量工具与直观分析指标，由于我国证券市场起步较晚，发展还不完善，运用股息收益率分析股票价值和预测股票收益率的投资策略尚未引起广大投资者和学者的重视。国内现有文献对股票收益率的研究较多地集中在收益率分布的统计特征尤其是收益率的波动上，并且国内两大证券交易所在披露衡量或估算股票价值的相关信息时，仍将市盈率作为主要的披露指标。市盈率的计算是用每股股价除以每股收益，由于股价的剧烈波动长期偏离股票价值已被学者所证实，虽然有效市场理论认为股票的价格在一定程度上反映了公司的相关信息，但是即使股价保持不变，每股收益也并非真实反映出公司的相关信息。我国股市发展的实践中，上市公司控股股东的利益驱动和中介机构执业准则的放弃使二者会联合构造虚假的财务报表来欺骗中小投资者。此外，市盈率也并非是投资专家用来选股的主要估值指标，因为市盈率本身无法体现出投资者的回报水平。

法玛和弗伦奇（Fama & French, 1988）用线性回归的方法拟合了现金股息收益率对预期股票收益率的解释比例，发现回归方程的 R^2 随着股票持有期间的增加而增加。坎贝尔和希勒（Campbell & Shiller, 1989）在股利的现值模型上推导出时变的股利价格比（现金股息收益率）模型，也称动态的戈登增长模型，即股利价格比（现金股息收益率）可以表示为股利增长率和股票收益率的时变方程。在此基础上，他们建立了股利价格比（现金股息收益率）、现金股利增长率、股票收益率三者的线性 VAR 模型，通过 VAR 一阶滞后模型计算的股利增长率与实际股利价格比相关度极高。有研究者（Chen, 2009）在实证数据的选取方法上，分别就月度和年度的股利是否再投资进行实证检验，通过对长达 134 年的股票收益率与股利增长率的研究，得出的结论是即使不考虑股利是否再投资，股票收益率与股利增长率的预测存在预测反转的两个期间。

因此，本部分前文在常数灾难模型和时变灾难模型下推导出推导股票市场隐含的股利价格比（股息收益率 P-D 比率）。采用实际数据、无灾难模型、常数灾难模型及时变灾难模型对股票超额收益进行回归预测，结果如表 3.9 所示：

表 3.9 股票超额收益回归预测比较表

预测期限	1 年	4 年	8 年	10 年
实际数据				
β_1^{**}	-0.113	-0.352	-0.627	-0.713
R^2	0.013	0.017	0.142	0.155
无灾难模型				
β_1^{**}	-0.000	-0.000	-0.001	-0.001
R^2	0.000	0.000	0.000	0.000
常数灾难模型				
β_1^{**}	-0.000	-0.001	-0.001	-0.004
R^2	0.031	0.114	0.155	0.236
时变灾难模型				
β_1^{**}	-0.155	-0.591	-0.927	-1.128
R^2	0.191	0.423	0.677	0.728

*、**、***分别代表系数在10%、5%和1%显著性水平下通过显著性检验。

回归方程为:

$$\sum_{i=1}^{h} \left[log(R_{t+i}^e) - log(R_{t+i}^b) \right] = \beta_0 + \beta_1(p_t - y_t) + \varepsilon_t$$

上式中,R_{t+i}^e和R_{t+i}^b分别代表股票市场和无风险利率,$p_t - y_t$为 P-D 比率。

预测结果显示所有回归系数均为负值,这与理论及学者已有的实证研究结果相一致,股息收益率越高,股票收益率则会越低,而一个高的 P-D 比率对应一个较低的灾难风险,因此预测出来的未来股票超额收益就低,随着时间跨度增大,回归模型的 R^2 增大,模型的解释能力增强。回归结果显示无灾难模型与常数灾难模型对股票超额收益预测能力非常弱，而时变灾难模型股利价格比对股票超额收益预测能力贴近现实数据，因此这又为今后股市投资提供了一个科学可行的指标。

3.5 结论

本部分首先验证了我国的确存在股权溢价之谜，然后基于雷茨和巴罗（Reitz & Barro）模型，将时变灾难概率引入资产定价模型，结果显示模型在不需要假设高的风险规避系数下也可以很好地解释我国现实数据的股权溢价之谜，尤其面临"熊市"更应考虑灾难带来的经济效应。

资产定价理论经过多年的发展已经成熟，但这些理论关注的风险都是非系统性风险，对系统性风险及系统性风险对经济周期与金融市场影响方面的研究非常少。周小川（2012）指出，灾难是消费的非线性形式变化，典型厚尾分布正是考虑了这种非正态厚尾消费灾难的存在及对金融市场的影响才得以合理解释股权溢价之谜。

4 灾难风险模型对我国国债风险溢价的实证分析

随着我国债券市场的发展和利率市场化进程的深入，债券投资越来越受到机构和个人投资者的关注。国债风险溢价是指国债投资的回报率与无风险资产回报率之间的差别。由于国债是由国家信用予以担保，基本上不存在信用风险，其投资风险主要是与债券期限有关，因此国债风险溢价也就直接被称为期限风险溢价。度量国债风险溢价时，可以选择一个无风险利率，将某一期限国债在单位时间上的回报率减去无风险利率，由于可以同时计算不同期限国债的风险溢价，以此了解国债市场利率期限结构，而债券风险与其期限有关，因此利率期限结构研究一直是债券研究的重点。

对利率期限结构的研究大致分为两类：一类是研究包含宏观经济变量的动态模型，即用可观测的宏观经济因素来解释利率期限结构的变化。国内外学者（Wu，2001；Diebold，Rudebusch & Aruoba，2004；朱世武、陈健恒，2004；郭涛、宋德勇，2009；张旭、文忠桥，2013；等等）的研究分析均显示宏观经济变量与利率期限结构密切相关，但以上利率期限结构的文献都没有研究期限风险溢价，仅探讨了宏观经济变量与利率期限结构之间的联动效应，说明将利率期限结构与宏观经济变量联合建模是合理的。另一类是采用随机波动率或 GARCH 效应族模型及最新的非线性动态马尔科夫区制转移模型等对利率期限结构或期限风险溢价进行拟合。国内外学者（Campbell & Shiller，1991；Gravelle & Morley，2005；Suardi，2010；唐齐鸣、高翔，2002；范龙振、王晓丽，2004；朱世武、陈健恒，2004；吴丹、谢赤，2005；谈华君，2008，孙皓、石柱鲜、俞来雷，2012；等等）的实证结论均显示债券市场期限溢价具有随机波动效应，但以上研究的侧重点是未来利率变化的预测。综上所述，以上文献为研究期限风险溢价奠定了理论基础，即风险溢价必须与宏观经济变量联合建模，并且呈现出时变性特征，但以上文献均没有明确计算债券市场期限风险溢价，从而无法科学地描述其时变性特征。

近年来学者多使用 DSGE 模型来研究宏观经济。DSGE 模型使用经济理论描述所有经济部门随时间如何相互影响，并采用最优化确定其变动路径。关于 DSGE 模型的研究大致可分为两类：一是经济波动研究，二是宏观经济政策研究（Kydland & Prescott，1982；Calvo，1983；Gali & Gertler，1999；Schmitt Grohe & Uribe，2004；张勇、范从来，2004；陈昆亭、龚六堂、邹恒甫，2004；黄赜琳，2005；刘斌，2008；马文涛，2011；郭立甫、姚坚、高铁梅，2013；等等）。DSGE 模型中变量的相互关联决定了经济价格在市场出清状态下解决模型。由于 DSGE 模型没有精确解，学者只能寻求近似解，经常使用的方法是线性化，即均衡状态附近的线性化，但这种方法的缺点是不能有效刻画模型的不确定性，尤其是在资产定价方面，因为线性化假设设定所有的风险溢价为 0，所以无法解释国债的风险溢价以及时变性问题。要基于 DSGE 模型研究风险溢价问题，就必须给出 DSGE 模型在更高阶下的近似解。

本部分的切入点是基于施密特·高仪和乌里韦（Schmitt Grohe & Uribe，2004）以及安德烈亚森（Andreasen，2012）给出的 DSGE 模型二阶和三阶下的近似解。施密特·高仪和乌里韦（Schmitt Grohe & Uribe，2004）推导出 DSGE 模型在稳定状态下二阶近似解，安德烈亚森（Andreasen，2012）做了进一步的拓展，推导出三阶下近似解。本部分将在三阶近似解的框架下研究 SV 效应和 GARCH 效应的影响。

4.1 模型构建

4.1.1 新凯恩斯标准 DSGE 模型

本部分构建了四部门新凯恩斯动态随机一般均衡模型，包括四类经济个体：居民户（家庭）、中间产品生产商、最终产品生产商和中央银行。居民户（家庭）提供差异化劳动力，在劳动与闲暇之间进行取舍分配，获取最优工资，缴纳税收，购买最终消费品，余下的收入投资于债券和储蓄；中间产品生产商购买资本，雇佣劳动力，生产中间产品出售给最终产品生产商；最终产品生产商利用现存资本以及追加的投资和中间产品以生产差异化的最终产品，并以一定加成比率出售；中央银行执行货币政策。

4.1.1.1 居民户

居民户在劳动与闲暇间进行分配，提供劳动给中间产品生产商，获取工资，从最终产品生产商那里购买消费品，接受政府转移，剩余投资债券和储蓄。

金融理论中的股票溢价之谜一直是金融学者致力于解决的问题之一，许多经济学家和学者都对传统的跨期优化模型进行了方方面面的修改，希望能对股票溢价做出更为全面合理的解释，其中一个最重要的改进是采用一般期望效用函数（Epstein

& Zin）。在 Epstein—Zin 偏好中相对风险厌恶系数与跨期替代弹性之间没有直接联系，从而使得该偏好更具有一般性，因此本部分也引进 Epstein—Zin 偏好效用函数。

根据鲁迪布什和斯旺森（Rudebusch & Swanson，2009）的研究，居民价值函数为：

$$V_t \equiv \begin{cases} u_t + \beta \left(E_t \left[V_{t+1} \right] \right)^{\frac{1}{1-\alpha}}, & u_t \geqslant 0 \\ u_t - \beta \left(E_t \left[-V_{t+1} \right] \right)^{\frac{1}{1-\alpha}}, & u_t \leqslant 0 \end{cases} \qquad (4.1)$$

上式中，β 为折现因子，取值为 $\beta \in (0, 1)$，α 为 Epstein—Zin—Weil 偏好系数。根据鲁迪布什和斯旺森（Rudebusch & Swanson，2009）的研究，居民效用函数设定为：

$$u(c_t, n_t) \equiv \frac{\left[c_t^v \left(1 - n_t \right)^{1-v} \right]^{1-\gamma}}{1-\gamma}, \quad v \in (0, 1) \qquad (4.2)$$

上式中，c_t 和 n_t 代表消费和劳动供给，γ 为劳动供给弹性的倒数，v 为劳动对效用的贡献度，因此可得到跨期替代弹性是 $\dfrac{1}{1 - v(1-\gamma)}$，闲暇决策的相对风险规避系数则是 $\gamma + \alpha(1 - \gamma)$，居民预算限制为：

$$E_t M_{t, t+1} x_{t+1} + c_t = \frac{x_t}{\pi_t} + w_t n_t + d_t \qquad (4.3)$$

上式中，$M_{t, t+1}$、x_t、π_t、w_t、d_t 分别为名义随机贴现因子、对债券的名义要求权、通货膨胀率、实际工资和实际一次性政府转移，即政府支出。

4.1.1.2　中间产品生产商

中间产品生产商雇佣劳动力，生产中间产品出售给最终产品生产商，其生产函数为：

$$y_t(i) = z_t a_t \bar{k}^{\theta} n_t(i)^{1-\theta} \qquad (4.4)$$

根据罗特博格（Rotemberg，1982）的研究，成本调整函

数为:

$$\max_{n_t(i),\ p_t(i)} E_t \sum_{j=0}^{\infty} M_{t,\ t+j} \left[\frac{p_{t+j}(i)}{p_{t+j}} y_{t+j}(i) - w_{t+j} n_{t+j}(i) - \frac{\xi}{2} \right.$$

$$\left. \left(\frac{p_{t+j}(i)}{p_{t+j-1}(i)} \frac{1}{\pi_t} - 1 \right)^2 y_{t+j} \right] \tag{4.5}$$

(4.4)式中,$\bar{k}$ 和 $n_t(i)$ 代表公司物质资本和劳动服务,a_t 代表外生静态技术冲击,z_t 为技术的确定性趋势,θ 和 ξ 分别为劳动产出弹性和生产商调整价格概率。

4.1.1.3 最终产品生产商

最终产品生产商利用现存资本以及追加的投资和中间产品以生产最终产品,并出售给居民户赚取利润,其生产函数为:

$$y_t = \left(\int_0^1 y_t(i)^{\frac{\eta}{\eta-1}} di \right)^{\frac{\eta}{\eta-1}}, \ \eta > 1 \tag{4.6}$$

$$y_t(i) = \left(\frac{p_t(i)}{p_t} \right)^{-\eta} y_t \tag{4.7}$$

上式中,最终产品总价格水平 $p_t = \left[\int_0^1 p_t(i)^{1-\eta} di \right]^{\frac{1}{1-\eta}}$,$\eta$ 为最终产品的替代弹性。

4.1.1.4 中央银行

中央银行执行标准泰勒规则的货币政策,即利率要顺应通货膨胀率和产出波动的变化,以保持实际均衡利率的稳定性,根据已有研究(Clarida,Galí & Gertler,1999),泰勒规则的反应函数为:

$$r_t = r_{ss}(1 - \rho_r) + \rho_r r_{t-1} + \varphi_\pi \ln\left(\frac{\pi_t}{\pi_{ss}} \right) + \varphi_y \ln\left(\frac{y_t}{z_t y_{ss}} \right) + \varepsilon_{R,\ t}$$

$$\tag{4.8}$$

上式中,r_t 为短期利率,r_{ss}、π_{ss}、y_{ss} 分别为长期稳定状态的利率水平、通货膨胀值和产出水平值,ρ_r、φ_π、φ_y 分别为利率平滑系数、利率对通货膨胀和产出偏离稳态值的反应系数。

4.1.1.5 模型加总

将上述四部门加总得到下式：

$$y_t = z_t a_t \bar{k}^\theta n_t^{1-\theta} \tag{4.9}$$

总资源限制为：

$$y_t = c_t + g_t z_t + \delta \bar{k} z_t$$

上式中，δ 为折旧率。

4.1.2 模型求解

4.1.2.1 模型一般形式解

根据施密特·高仪和乌里韦（Schmitt Grohe & Uribe，2004）的研究，考虑一般均衡模型形式为：

$$E_t [f(y_{t+1}, y_t, x_{t+1}, x_t)] = 0 \tag{4.10}$$

上式中，E_t 为时期 t 给定信息集下的条件期望算子，状态向量 x_t 和控制向量 y_t 维度分别为 $n_x \times 1$、$n_y \times 1$、$n_x + n_y \equiv n$，在三阶展开下至少三阶可导，稳态下 $\sigma = 0$ 的解 x_{ss}、y_{ss} 满足 $f(y_{ss}, y_{ss}, x_{ss}, x_{ss}) = 0$，向量 x_t 分解为 $[x'_{1,t}, x'_{2,t}]'$，$x'_{1,t}$ 包含内生状态向量，$x'_{2,t}$ 包含外生状态向量，$n_{x1} \times 1$、$n_{x2} \times 1$、$n_{x1} + n_{x2} \equiv n_x$，再假设：

$$x_{2,t+1} = \Gamma(x_{2,t}) + \sigma \bar{\eta} \varepsilon_{t+1} \tag{4.11}$$

矩阵 $\partial \Gamma / \partial x_{2,t}$ 在稳定状态下的所有特征值都必须至少大于 1，ε_{t+1} 为标准正态分布，$\sigma \geqslant 0$，$\bar{\eta}$ 为 $n_{x2} \times n_\varepsilon$ 的已知矩阵，

根据施密特·高仪和乌里韦（Schmitt Grohe & Uribe，2004）的研究，模型解为：

$$y_t = g(x_t, \sigma) \tag{4.12}$$

$$x_{t+1} = h(x_t, \sigma) + \sigma \eta \varepsilon_{t+1} \tag{4.13}$$

$$\eta \equiv \begin{bmatrix} 0_{n_x \times n_\varepsilon} \\ \tilde{\eta} \end{bmatrix} \qquad (4.14)$$

所有函数未知并假设至少三阶可导。

4.1.2.2 模型解的三阶近似

将（4.3）式和（4.4）式带入（4.1）式得到：

$$F(x, \sigma) \equiv E_t[f(g(h(x, \sigma) + \sigma\eta\varepsilon'), g(x, \sigma), h(x, \sigma) + \sigma\eta\varepsilon', x)] = 0 \qquad (4.15)$$

施密特·高仪和乌里韦（Schmitt Grohe & Uribe, 2004）已经推导出在稳定状态下一阶导数和二阶导数，下面来推导三阶导数。

第一，计算三阶导数。首先计算 $F(x, \sigma)$ 对 x 在稳定状态下三阶可导的 g_{xxx} 和 h_{xxx}。

$$[F_{xxx}(x_{ss}, 0)]^i_{\alpha_1\alpha_2\alpha_3} = [f_{y'}]^i_{\beta_1}[g_{xxx}]^{\beta_1}_{\gamma_1\gamma_2\gamma_3}[h_x]^{\gamma_3}_{\alpha_3}[h_x]^{\gamma_2}_{\alpha_2}[h_x]^{\gamma_1}_{\alpha_1}$$
$$+ [f_{y'}]^i_{\beta_1}[g_x]^{\beta_1}_{\gamma_1}[h_{xxx}]^{\gamma_1}_{\alpha_1\alpha_2\alpha_3} + [f_y]^i_{\beta_1}[g_{xxx}]^{\beta_1}_{\alpha_1\alpha_2\alpha_3} + [f_x]^i_{\gamma_1}[h_{xxx}]^{\gamma_1}_{\alpha_1\alpha_2\alpha_3}$$
$$+ [b^1]^i_{\alpha_1\alpha_2\alpha_3} = 0 \qquad (4.16)$$

$[b^1]^i_{\alpha_1\alpha_2\alpha_3}$ 是已知的并且不等于 0。

$$[b^1]^i_{\alpha_1\alpha_2\alpha_3} \equiv ([f_{y'y'y'}]^i_{\beta\beta\beta_3}[g_x]^{\beta_3}_{\gamma_3} + [f_{y'y'y}]^i_{\beta\beta\beta_3}[g_x]^{\beta_3}_{\alpha_3} +$$
$$[f_{y'y'y}]^i_{i\beta\beta_2\gamma_3}[h_x]^{\gamma_3}_{\alpha_3} + [f_{y'y'x}]^i_{\beta\beta_3}) \times [g_x]^{\beta_2}_{\gamma_2}[h_x]^{\gamma_2}_{\alpha_2}[g_x]^{\beta_1}_{\gamma_1}[h_x]^{\gamma_1}_{\alpha_1} +$$
$$[f_{y'y'}]^i_{\beta\beta_2}([g_x]^{\beta_2}_{\gamma_2\gamma_3}[h_x]^{\gamma_3}_{\alpha_3}[h_x]^{\gamma_2}_{\alpha_2}[g_x]^{\beta_1}_{\gamma_1} +$$
$$[g_x]^{\beta_2}_{\gamma_2}[h_x]^{\gamma_2}_{\alpha_2\alpha_3}[g_x]^{\beta_1}_{\gamma_1}[h_x]^{\gamma_1}_{\alpha_1} + [g_x]^{\beta_2}_{\gamma_2}[h_x]^{\gamma_2}_{\alpha_2}[g_{xx}]^{\beta_1}_{\gamma_1\gamma_3}[h_x]^{\gamma_3}_{\alpha_3}[h_x]^{\gamma_1}_{\alpha_1} +$$
$$[g_x]^{\beta_2}_{\gamma_2}[h_x]^{\gamma_2}_{\alpha_2}[g_x]^{\beta_1}_{\gamma_1}[h_{xx}]^{\gamma_1}_{\alpha_1\alpha_3}) + ([f_{y'yy'}]^i_{\beta\beta\beta_3}[g_x]^{\beta_3}_{\gamma_3} +$$
$$[f_{y'yy}]^i_{\beta\beta\beta_3}[g_x]^{\beta_3}_{\alpha_3} + [f_{y'yy}]^i_{\beta\beta_2\gamma_3}[h_x]^{\gamma_3}_{\alpha_3} + [f_{y'yx}]^i_{\beta\beta_3}) \times$$
$$[g_x]^{\beta_2}_{\alpha_2}[g_x]^{\beta_1}_{\gamma_1}[h_x]^{\gamma_1}_{\alpha_1} + [f_{y'y}]^i_{\beta\beta_2}([g_{xx}]^{\beta_2}_{\alpha_2\alpha_3}[g_x]^{\beta_1}_{\gamma_1}[h_x]^{\gamma_1}_{\alpha_1} +$$
$$[g_x]^{\beta_2}_{\alpha_2}[g_{xx}]^{\beta_1}_{\gamma_1\gamma_3}[h_x]^{\gamma_3}_{\alpha_3}[h_x]^{\gamma_1}_{\alpha_1} + [g_x]^{\beta_2}_{\alpha_2}[g_x]^{\beta_1}_{\gamma_1}[h_{xx}]^{\gamma_1}_{\alpha_1\alpha_3}) +$$
$$([f_{y'xy'}]^i_{\beta_1\gamma_3\beta_3}[g_x]^{\beta_3}_{\gamma_3}[h_x]^{\gamma_3}_{\alpha_3} + [f_{y'xy}]^i_{\beta_1\gamma_3\beta_3}[g_x]^{\beta_3}_{\gamma_3} + [f_{y'xx}]^i_{\beta_1\gamma_3\gamma_3}[h_x]^{\gamma_3}_{\alpha_3} +$$
$$[f_{y'xx}]^i_{\beta_1\gamma_3\alpha_3}) \times [h_x]^{\gamma_2}_{\alpha_2}[g_x]^{\beta_1}_{\gamma_1}[h_x]^{\gamma_1}_{\alpha_1} + [f_{y'x}]^i_{\beta_1\gamma_2}([h_{xx}]^{\gamma_2}_{\alpha_2\alpha_3}[g_x]^{\beta_1}_{\gamma_1}[h_x]^{\gamma_1}_{\alpha_1} +$$
$$[h_x]^{\gamma_2}_{\alpha_2}[g_{xx}]^{\beta_1}_{\gamma_1\gamma_3}[h_x]^{\gamma_3}_{\alpha_3}[h_x]^{\gamma_1}_{\alpha_1} + [h_x]^{\gamma_2}_{\alpha_2}[g_x]^{\beta_1}_{\gamma_1}[h_{xx}]^{\gamma_1}_{\alpha_1\alpha_3}) +$$

$$([f_{y\dot{x}\dot{y}}]^i_{\beta_1\alpha\beta_3}[g_x]^{\beta_3}_{\gamma_3}[h_x]^{\gamma_3}_{\alpha_3} + [f_{y\dot{x}\dot{y}}]^i_{\beta_1\alpha\beta_3}[g_x]^{\beta_3}_{\alpha_3} + [f_{y\dot{x}x}]^i_{\beta_1\alpha_2\gamma_3}[h_x]^{\gamma_3}_{\alpha_3} +$$

$$[f_{y\dot{x}\dot{x}}]^i_{\beta_1\alpha\beta_3}) \times [g_x]^{\beta_1}_{\gamma_1}[h_x]^{\gamma_1}_{\alpha_1} + \cdots + [f_{yy}]^i_{\beta_2\beta_3}([g_{xx}]^{\beta_2}_{\gamma_2\gamma_3}[h_x]^{\gamma_3}_{\alpha_3}[h_x]^{\gamma_2}_{\alpha_2}[g_x]^{\beta_1}_{\alpha_1} +$$

$$[g_x]^{\beta_2}_{\gamma_2}[h_x]^{\gamma_2}_{\alpha_3\alpha_2}[g_{xx}]^{\beta_1}_{\alpha_1\alpha_1} + [g_x]^{\beta_2}_{\gamma_2}[h_x]^{\gamma_2}_{\alpha_2}[g_{xx}]^{\beta_1}_{\alpha_1\alpha_1}) +$$

$$([f_{yyy}]^i_{\beta_1\beta_2\beta_3}[g_x]^{\beta_3}_{\gamma_3}[h_x]^{\gamma_3}_{\alpha_3} + [f_{yyy}]^i_{\beta_1\beta_2\beta_3}[g_x]^{\beta_3}_{\alpha_3} + [f_{yyx}]^i_{\beta_1\beta_2\beta_3}[h_x]^{\gamma_3}_{\alpha_3} +$$

$$[f_{yyx}]^i_{\beta_1\beta_2\beta_3}) \times [g_x]^{\beta_2}_{\alpha_2}[g_x]^{\beta_1}_{\alpha_1} + [f_{yy}]^i_{\beta_1\beta_2}([g_{xx}]^{\beta_2}_{\alpha_1\alpha_3}[g_x]^{\beta_1}_{\alpha_2} +$$

$$[g_{xx}]^{\beta_1}_{\alpha_1\alpha_3}[g_x]^{\beta_2}_{\alpha_2}) + ([f_{y\dot{x}y}]^i_{\beta_1\gamma\beta_3}[g_x]^{\beta_3}_{\gamma_3}[h_x]^{\gamma_3}_{\alpha_3} + [f_{y\dot{x}y}]^i_{\beta_1\gamma\beta_3}[g_x]^{\beta_3}_{\alpha_3} +$$

$$[f_{y\dot{x}\dot{x}y}]^i_{\beta_1\gamma\beta_3}[h_x]^{\gamma_3}_{\alpha_3} + [f_{y\dot{x}\dot{x}}]^i_{\beta_1\gamma\beta_3}) \times [h_x]^{\gamma_2}_{\alpha_2}[g_x]^{\beta_1}_{\alpha_1} +$$

$$[f_{y\dot{x}}]^i_{\beta_1\gamma_2}([h_{xx}]^{\gamma_2}_{\alpha_2\alpha_3}[g_x]^{\beta_1}_{\alpha_1} + [g_{xx}]^{\beta_1}_{\alpha_1\alpha_3}[h_x]^{\gamma_2}_{\alpha_2}) + ([f_{y\dot{x}y}]^i_{\beta_1\alpha\beta_3}[g_x]^{\beta_3}_{\gamma_3}[h_x]^{\gamma_3}_{\alpha_3} +$$

$$[f_{y\dot{x}y}]^i_{\beta_1\alpha\beta_3}[g_x]^{\beta_3}_{\alpha_3} + [f_{yx\dot{x}}]^i_{\beta_1\alpha\beta_3}[h_x]^{\gamma_3}_{\alpha_3} + [f_{yxx}]^i_{\beta_1\alpha\beta_3})[g_x]^{\beta_1}_{\alpha_1} +$$

$$[f_{yx}]^i_{\beta_1\alpha_2}[g_{xx}]^{\beta_1}_{\alpha_1\alpha_2} + ([f_{yy}]^i_{\beta_1\beta_3}[g_x]^{\beta_3}_{\gamma_3}[h_x]^{\gamma_3}_{\alpha_3} + [f_{yy}]^i_{\beta_1\beta_3}[g_x]^{\beta_3}_{\alpha_3} +$$

$$[f_{yx}]^i_{\beta_1\gamma_3}[h_x]^{\gamma_3}_{\alpha_3} + [f_{yx}]^i_{\beta_1\alpha_3})[g_{xx}]^{\beta_1}_{\alpha_1\alpha_2} + ([f_{x\dot{y}y}]^i_{\beta_1\gamma\beta_3}[g_x]^{\beta_3}_{\gamma_3}[h_x]^{\gamma_3}_{\alpha_3} +$$

$$[f_{x\dot{y}y}]^i_{\gamma\beta_2\beta_3}[g_x]^{\beta_3}_{\alpha_3} + [f_{x\dot{y}\dot{x}}]^i_{\gamma\beta_2\beta_3}[h_x]^{\gamma_3}_{\alpha_3} + [f_{x\dot{y}\dot{x}}]^i_{\gamma\beta_2\alpha_3}) \times$$

$$[g_x]^{\beta_2}_{\gamma_2}[h_x]^{\gamma_2}_{\alpha_2}[h_x]^{\gamma_1}_{\alpha_1} + \cdots + ([f_{x\dot{x}x}]^i_{\alpha_2\alpha\beta_3}[g_x]^{\beta_3}_{\gamma_3}[h_x]^{\gamma_3}_{\alpha_3} +$$

$$[f_{xxy}]^i_{\alpha_2\alpha\beta_3}[g_x]^{\beta_3}_{\alpha_3} + [f_{xxx}]^i_{\alpha_2\alpha_2\gamma_3}[h_x]^{\gamma_3}_{\alpha_3} + [f_{xxx}]^i_{\alpha_2\alpha_2\alpha_3})$$

（4.16）式为 $(n_x + n_y) \times n_x \times n_x \times n_x$ 未知矩阵，g_{xxx} 和 h_{xxx} 为非零矩阵。

$$[F_{\sigma\sigma x}(x_{ss}, 0)]^i_{\alpha_3} = [f_y]^i_{\beta_1}[g_x]^{\beta_1}_{\gamma_1}[h_{\sigma\sigma x}]^{\gamma_3}_{\alpha_3} + [f_y]^i_{\beta_1}[g_{\sigma\sigma x}]^{\beta_1}_{\gamma_1}[h_x]^{\gamma_3}_{\alpha_3} +$$

$$[f_y]^i_{\beta_1}[g_{\sigma\sigma x}]^{\beta_1}_{\alpha_3} + [f_x]^i_{\gamma_1}[h_{\sigma\sigma x}]^{\gamma_1}_{\alpha_1} + [b^2]^i_{\alpha_3} = 0 \qquad (4.17)$$

$[b^2]^i_{\alpha_3}$ 的推导省略，类似于 $[b^1]^i_{\alpha_2\alpha_2\alpha_3}$，$[b^2]^i_{\alpha_3}$ 为已知的并且不等于 0。（4.17）式为 $(n_x + n_y) \times n_x$ 是未知矩阵，$g_{\sigma\sigma x}$ 和 $h_{\sigma\sigma x}$ 为非零矩阵。g 和 h 的三阶近似是产生风险溢价的来源。

同理可得：

$$[F_{\sigma xx}(x_{ss}, 0)]^i_{\alpha_2\alpha_3} = [f_y]^i_{\beta_1}[g_x]^{\beta_1}_{\gamma_1}[h_{\sigma xx}]^{\gamma_1}_{\alpha_2\alpha_3} +$$

$$[f_y]^i_{\beta_1}[g_{xx}]^{\beta_1}_{\gamma_2\gamma_3}[h_x]^{\gamma_3}_{\alpha_3}[h_x]^{\gamma_2}_{\alpha_2} + [f_y]^i_{\beta_1}[g_{\sigma xx}]^{\beta_1}_{\alpha_2\alpha_3} + [f_x]^i_{\gamma_1}[h_{\sigma xx}]^{\gamma_1}_{\alpha_2\alpha_3} = 0$$

$$(4.18)$$

$$[F_{\sigma\sigma\sigma}(x_{ss}, 0)]^i_{\alpha_2\alpha_3} = ([f_y]^i_{\beta_1} + [f_y]^i_{\beta_1})[g_{\sigma\sigma\sigma}]^{\beta_1} + ([f_y]^i_{\beta_1}[g_x]^{\beta_1}_{\gamma_1}$$

$$+ [f_y]^i_{\beta_1})[h_{\sigma\sigma\sigma}]^{\gamma_1} + [b^3]^i = 0 \qquad (4.19)$$

根据以上推导得出以下结论：$g_{\sigma xx} = 0$，$h_{\sigma xx} = 0$，若所有新息都是对称分布，则 $g_{\sigma\sigma\sigma} = 0$，$h_{\sigma\sigma\sigma} = 0$。

第二，三阶条件下风险溢价展开。风险溢价值为 P_t，可以是股票溢价、期限溢价和汇率风险溢价。不存在不确定意味着近似点所有风险溢价为 0，而且 P_x、P_{xx}、P_{xxx} 也为 0，三阶近似下所有风险溢价形式为：

$$P_t = P_\sigma\sigma + [P_{\sigma x}]_{\alpha_2}\sigma[x_t]^{\alpha_2} + \frac{1}{2}P_{\sigma\sigma}\sigma^2 + \frac{1}{6}P_{\sigma\sigma\sigma}\sigma^3 +$$

$$\frac{1}{2}[P_{\sigma\sigma x}]_{\alpha_3}\sigma^2[x_t] + \frac{1}{2}[P_{\sigma xx}]_{\alpha_2\alpha_3}\sigma[x_t]^{\alpha_2}[x_t]^{\alpha_3} \qquad (4.20)$$

对于三阶近似，根据已有研究（Schmitt Grohé & Uribe，2004）得到：

$$P_\sigma = 0, \ P_{\sigma x} = 0, \ P_{\sigma xx} = 0$$

因此风险溢价为：

$$P_t = \frac{1}{2}P_{\sigma\sigma}\sigma^2 + \frac{1}{6}P_{\sigma\sigma\sigma}\sigma^3 + \frac{1}{2}[P_{\sigma\sigma x}]_{\alpha_3}\sigma^2[x_t]^{\alpha_3} \qquad (4.21)$$

$P_{\sigma\sigma\sigma} = 0$，当所有新息三阶矩为 0 时，风险溢价的平均值受到常数 $\frac{1}{6}P_{\sigma\sigma\sigma}\sigma^3$ 的影响。当 DSGE 模型新息是非对称分布时，对于 x_t 给定方差，非对称分布新息并不影响风险溢价，风险溢价由 $\frac{1}{2}[P_{\sigma\sigma\sigma}]_{\alpha_3}\sigma^2[x_t]^{\alpha_3}$ 决定。巴罗（Barro，2006）的罕见灾难影响风险溢价均值却不影响其波动。我们得到以下结论：第一，二阶近似不能抓住来自非对称新息的效应，因此非对称分布在二阶条件下不影响风险溢价。第二，三阶近似下，非对称分布影响风险溢价水平值，但当给定 x_t 方差，非对称分布新息并不影响风险溢价。

4.2　实证分析

4.2.1　数据描述及处理

本部分选取中国经济数据库 2001 年第二季度到 2012 年第二季度人均国内生产总值（GDP，下同）、私人消费品零售支出、人均政府支出、人均工资、居民消费价格指数、短期利率（根据我国实际情况选用银行间 7 天同业拆借利率）和 10 年期国债收益率（10 年期银行间到期国债收益率）。由于银行间 7 天同业拆借利率和 10 年期银行间到期国债收益率以及居民消费价格指数为月度数据，进行几何平均求其季度数据，人均 GDP 具有明显的季节化特征，因此进行季节化调整。

4.2.2　模型参数校正

4.2.2.1　模型结构性参数校正

在本部分模型中，需要校正的参数分为两类：一类为刻画模型内生变量之间定量关系的结构性参数，另一类为模型内生变量的稳态值。

第一，刻画模型内生变量之间定量关系的结构性参数。对于折现因子，国内外文献大多数取值为 0.984（杜清源、龚六堂，2005；Gilchrist & Saito，2006），本部分亦取相同值。对于跨期替代弹性，国内学者顾六宝、肖红叶（2004）测算的中国消费的跨期替代弹性为 3.916，本部分取 4.0。由参数间换算关系得到 Epstein—Zin—Weil 偏好系数为 -110。对于劳动对效用的贡献度，陈昆亭、龚六堂、邹恒甫（2004）在实际经济周期模型 RBC 分析中测算结果为 0.01，本部分亦取 0.01。对于劳动产出弹性，国内研究（陈昆亭、龚六堂，2004；陈昆亭、龚六堂、邹恒甫，2004；陈昆亭、龚六堂，2006；黄赜琳，2005；刘斌，2008）的取值范围为 0.2 ~ 0.8，本部分取 0.36。对于价格调整概率，其反映粘性价格程度，陈昆亭、龚六堂（2006）的研究取值为 0.6，这意味着厂商平均调价周期为 2.5 个季度，本部分即取值 0.6。对于中间产品的替代弹性，根据已有研究（Zhang，2009）的估计，取值 4.16。对于折旧率，国内研究年度值大多设定为 10%（龚六堂、谢丹阳，2004；杜清源、龚六堂，2005），对应的季度值为 2.5%，本部分取 2.5%。货币政策反应函数中的参数校正，根据国内研究（梁斌、李庆云，2011），利率平滑系数为 0.85，利率关于通货膨胀偏离稳态值的反应系数为 0.75，利率关于产出波动偏离稳态值的反应系数为 0.6。

第二，模型内生变量的稳态值校正。对于技术水平冲击，国内学者李宾和曾志雄（2009）、马文涛（2011）的计算结果是技术水平波动的一阶自回归系数为 0.725 0，标准差为 4.284 2%，本部分亦取此值。对于利率波动冲击，计算其一阶自回归系数及标准差为 0.85 和 0.003。对于通货膨胀率、人均产出和利率稳态值，计算我国居民消费价格指数、人均 GDP 和短期利率均值为 1.099 6、0.845 7 和 2.522 6，作为其稳态值。

模型参数校正如表 4.1 所示：

表 4.1　　　　　　　　　模型参数校正

γ	2.5	ρ_r	0.85
v	0.01	φ_π	0.75
α	−110	φ_y	0.6
θ	0.36	ξ	0.6
η	4.16	δ	0.025

表4.1(续)

β	0.984	ρ_α	0.725
$std(\varepsilon_{\alpha,\,t})$	0.042842	y_{ss}	0.8457
$std(\varepsilon_{r,\,t})$	0.003	π_{ss}	1.0996
r_{ss}	2.5226		

4.2.2.2 罕见灾难参数校正

巴罗—雷茨（Barro—Rietz）模型在度量罕见灾难时使用人均 GDP，因此本部分使用中国 2001—2012 年人均 GDP，图 4.1 展示了中国 2001—2012 年 10 年来人均 GDP 数据的变化以此衡量罕见灾难。图 4.1 显示中国的人均 GDP2001—2012 年总体波动较大，一共发生 1 次较大灾难（根据 Barro 的定义超过 25%），据此得到我国的灾难概率为 0.0217，因此得到 $p = 0.0217$。

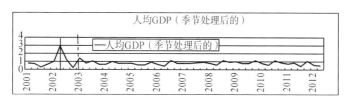

图 4.1 我国人均 GDP 波动图

4.2.2.3 SV、GARCH 效应选择

周荣喜、刘雯宇和牛伟宁（2011）以及周荣喜、杨杰、单欣涛和王晓光（2012）等对采用 SV 模型对我国上海证券交易所和银行间债券市场的国债数据进行拟合，结论为使用 SV 模型拟合出的国债理论价格与实际价格之间误差较小，适用于我国国债市场。谈华君（2008）等采用 ARCH 模型族对上海证券交易所国债期限风险溢价进行拟合，结论认为用 GARCH（1，1）模

型来拟合国债期限风险溢价方差的变化规律是合适的。

基于以上文献，本部分对 SV 及 GARCH（1，1）效应对国债期限风险溢价进行探究。

4.2.3 模型估计结果

原始数据各阶矩、正态分布新息的 DSGE 模型作为基准模型（即不考虑灾难、SV 和 GARCH 效应的 DSGE 模型），分别考虑灾难、SV 和 GARCH 效应的 DSGE 模型各阶矩估计结果如表4.2 所示：

表 4.2　　　　　　　　模型各阶矩估计结果

各阶矩	原始数据	基准模型	灾难	SV	GARCH
$std(\Delta c_t)$	0.3993	16.1873	3.9856	4.1281	6.5255
$std(\pi_t)$	0.0205	2.282	2.2227	2.3757	2.5983
$std(r_t)$	0.9961	1.0189	2.8928	3.0588	3.2635
$std(r_{t,10})$	1.3731	1.9928	1.5236	2.1387	2.3052
$mean(r_{t,10-r_t})$	0.8995	0.75325	0.96747	0.96507	2.1642
$std(r_{t,10-r_t})$	1.1712	1.3296	1.1855	1.2545	1.3283
$mean(P_{t,10})$	3.43	0.0002	1.6886	1.6856	3.2757
$std(P_{t,10})$	20.0928	3.2784	15.0273	15.7722	26.977
偏度					
$skew(\Delta c_t)$	3.1188	0.00653	2.9331	2.8766	3.0157
$skew(\pi_t)$	0.6669	0.042043	0.29787	0.4204	0.4563
$skew(r_t)$	1.3412	0.011267	1.3047	1.2571	1.1126
$skew(r_{t,10})$	-0.1267	-0.0037515	-0.20934	-0.31527	-0.7082

表4.2(续)

各阶矩	原始数据	基准模型	灾难	SV	GARCH
峰度					
$kurt(\Delta c_t)$	15.6697	3.0011	16.1255	17.2346	18.3299
$kurt(\pi_t)$	2.7339	3.0158	2.6507	3.7058	2.976
$kurt(r_t)$	5.1311	3.0104	4.8969	3.5931	2.9621
$kurt(r_{t,10})$	3.0370	2.9416	3.0154	3.7058	2.9699

表4.2中，$std(\Delta c_t)$、$std(\pi_t)$、$std(r_t)$和$std(r_{t,10})$分别代表私人消费品零售支出增长率、居民消费价格指数、短期利率和10年期国债收益率的标准差。本部分将原始数据标准差分别与基准模型、灾难及SV和GARCH效应下DSGE模型估计结果进行对比，结果显示私人零售品消费支出增长率的基准模型拟合效果较差，灾难DSGE模型拟合效果最优，原因在于灾难对私人消费品支出影响较大，一旦发生较大的自然灾害或经济危机，居民反应非常敏感，效应传导至其消费支出，考虑灾难的DSGE模型贴近消费经济分析框架，因此拟合效果最优。

$mean(r_{t,10-r_t})$和$std(r_{t,10-r_t})$代表10年期国债持有期收益率的均值与标准差，估计结果显示基准模型与考虑罕见灾难及SV—GARCH效应的DSGE模型相差不大，拟合效果最好的是灾难及SV—DSGE模型。

$mean(P_{t,10})$和$std(P_{t,10})$代表10年期国债收益率名义期限溢价均值与标准差，结果显示基准模型期限溢价均值估计结果接近0，几乎不能反应国债期限风险溢价，而考虑GARCH效应的DSGE模型拟合效果最优。

$skew(\Delta c_t)$、$skew(\pi_t)$、$skew(r_t)$和$skew(r_{t,10})$分别代表私人消费品零售支出增长率、居民消费价格指数、短期利率和

10 年期国债收益率的变动偏度，原始数据私人消费品零售支出增长率、居民消费价格指数和短期利率均为右偏分布，而 10 年期国债收益率为左偏分布，说明我国 10 年期国债风险大，结果显示基准模型拟合效果最差，对于私人零售品消费支出增长率和居民消费价格指数 GARCH 效应 DSGE 模型拟合效果最优，对于短期利率和 10 年期国债收益率，考虑灾难 DSGE 模型拟合效果最优。

$kurt(\Delta c_t)$、$kurt(\pi_t)$、$kurt(r_t)$ 和 $kurt(r_{t,\,10})$ 分别代表私人消费品零售支出增长率、居民消费价格指数、短期利率和 10 年期国债收益率的变动峰度，四个变量除居民消费价格指数外均为尖峰分布，这与我国真实经济运行也很相符，估计结果显示基准模型拟合效果最差，尤其是对于私人消费品零售支出增长率，而灾难 DSGE 模型拟合效果最优。

由此我们得出结论：由于模型求解扩展至三阶矩，模型中添加灾难、SV 及 GARCH 效应更贴近现实经济数据，因此拟合效果大大提高。

4.2.4　模型脉冲响应

分别考虑灾难、SV 和 GARCH 效应的 DSGE 模型进行脉冲响应结果如图 4.2、图 4.3 和图 4.4 所示：

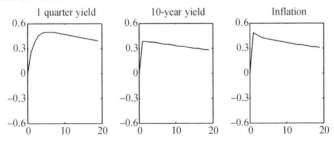

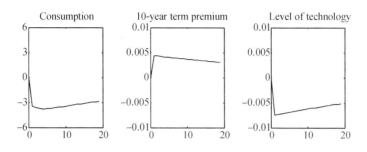

图 4.2　考虑灾难的 DSGE 模型脉冲响应

　　模型脉冲响应结果显示，考虑灾难 DSGE 模型下，消费和技术受到冲击先下降再上升而后趋于平稳，消费大概 2 期后下降 3 个点，技术大概 2 期后下降 0.007 个点，一个季度与 10 年期国债收益率均为上升后趋于平稳，一个季度国债收益率大概 5 期后上升 0.5 个点，10 年期国债收益率大概 2 期后上升 0.4 个点，10 年期期限溢价和通货膨胀均为先上升后趋于平稳，10 年期期限溢价大概 2 期后上升 0.005 个点，通货膨胀大概 1 期后上升 0.5 个点，反应期限最短的是 10 年期国债收益率、10 年期期限溢价冲击和通货膨胀率。图 4.2 还显示了 10 年期国债收益率和 10 年期期限溢价较一个月期国债收益率上升短暂，表明期限越长冲击效果越显著，并且期限溢价对模型非常敏感。

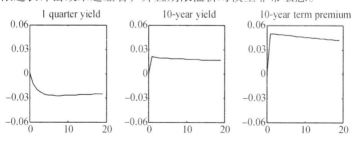

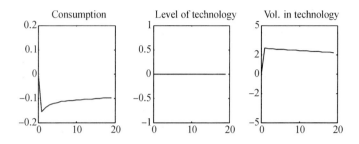

图 4.3 考虑 SV 的 DSGE 模型脉冲响应

模型脉冲响应结果显示，考虑 SV 效应的 DSGE 模型与灾难 DSGE 模型不同的是一个季度国债收益率受到冲击后先下降后趋于平稳，由于 SV 是时变效应特征，本部分对技术波动率做脉冲响应，结果显示先上升后趋于平稳。

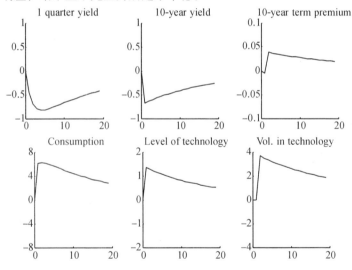

图 4.4 考虑 GARCH 的 DSGE 模型脉冲响应

模型脉冲响应结果显示，考虑 GARCH 效应的 DSGE 模型下，一个季度国债收益率受到冲击后先下降后趋于平稳，但比

SV 效应 DSGE 模型下降幅度大且陡峭，10 年期国债收益率受到冲击后先下降后趋于平稳，但比灾难下 DSGE 模型下降幅度大且陡峭，10 年期期限溢价相比灾难和 SV 效应 DSGE 模型下的上升幅度小且平缓，技术水平值及技术水平波动率均为先上升后下降趋于平稳，并且技术水平波动率变动幅度大于 SV 效应 DSGE 模型的结果。

由于灾难、SV 效应及 GARCH 效应刻画经济不同特征，因此脉冲响应结果偏向描述不同，考虑灾难的 DSGE 模型对于消费刻画效果较好，考虑 SV 的 DSGE 模型对于技术水平波动率刻画效果较好，考虑 GARCH 的 DSGE 模型对于技术水平值及技术水平波动率刻画效果较好。

4.3 小结

本部分在非线性标准新凯恩斯 DSGE 模型下比较分析罕见灾难、随机波动率和 GARCH 冲击对我国国债市场风险溢价的文献。实证结果表明，在 DSGE 三阶近似解下，罕见灾难影响风险溢价的水平，但是不能解释风险溢价的时变性，罕见灾难还影响许多宏观经济变量的偏度和峰度值；SV 和 GARCH 同时影响到风险溢价水平和时变性。我们的结论和安德烈亚森（Andreasen，2012）对美国国债市场风险溢价的研究结论一致。因此，加入罕见灾难、SV 及 GARCH 冲击的 DSGE 模型能更好地拟合长期国债风险溢价的非线性及时变特征。

5 灾难风险模型对我国股市波动之谜的阐释

　　近 20 年来，资产定价理论与实证分析在一个比较确定的范式里逐渐成熟起来。在默顿（Merton，1973）及卢卡斯（Lucas，1978）等人提出的标准资产定价框架中，金融经济学家们结合经济基本面，在对整体股市行为进行大量的实证分析与理论探讨时，发现了许多标准理论无法解释的问题，其中相对于短期实际利率、消费、红利的波动而言，实际股票回报的波动太高，股价的高波动不能被有效市场理论所解释，坎贝尔（Campbell，1999）称之为股市波动之谜。

　　刘仁和（2004），周洪荣、吴卫星和周业安（2012）实证检验了我国存在股市波动之谜，他们基于行为金融学角度阐释了股市波动之谜，未从消费资产定价模型入手，从而无法对传统资本资产定价框架进行改进。

　　本部分首先扩大样本期基于坎贝尔（Campbell）的对数线性资产定价框架验证我国的确存在股市波动之谜，接着基于无风险套利的资产定价模型中引入时变灾难风险，构建和求解带有时变灾难概率及带有分离消费的跨期替代弹性的广义预期效用函数的模型。模型估计和模拟结果显示，带有时变灾难和广义预期效用函数的模型，在不需要假设高的风险规避系数下也可以很好地拟合中国股市现实数据的高波动，模型对于解释股票市场超额收益预测也有较好的说服力。本部分从全新角度为投资者、相关机构以及监管部门今后的行动提供初步的理论和经验证据。

5.1　模型构建

灾难对于股市波动之谜能够解释的经济含义学者们的理解是由于灾难的厚尾分布和人们的预防性储蓄。根据巴罗（Barro，2006，2009）的研究，灾难幅度的分布呈典型的厚尾分布。雷茨和巴罗（Reitz & Barro）在估计模型时采用校准方法。一个可能以每年 1.7% 的概率发生，损失为当年 GDP 的 25% 的灾难，社会愿意减少每年近 20% 的 GDP 来消除这种潜在的灾难。由此可知，当未来的经济周期波动可能造成消费的大幅下降时，即便这一概率很小，人们也愿意牺牲相当大的福利来消除它，这一现象称为"预防性储蓄"（Kimball & Weil，2009）。

本部分借鉴沃切特的研究（Wachter，2012），在雷茨（Rietz，1988）和巴罗（Barro，2006）模型基础上，一是引入时变灾难概率，二是采用广义期望效用函数。这样一来模型产生的股票收益波动率在合理参数假设下非常接近现实数据。时变罕见灾难概率产生时变折现率，灾难概率上升，股票要求的溢价就会上升，投资者折现未来现金流就会上升，通过这个机制，时变灾难概率就会产生大的股票波动率。

本部分首先构建和求解带有广义期望效用和不变灾难概率的模型，灾难风险通过泊松过程跳跃引入消费增长的标准离散模型。接着引入时变灾难概率及广义期望效用函数，得到模型封闭解，时变灾难概率通过服从单位根过程的跳跃引入。模型构建框架是基于经济人消费资产定价模型，借鉴加贝克斯

（Gabaix）的线性数据生成过程及状态价格密度函数，得到股票等资产价格封闭解，从而推导股票收益率及股息收益率波动率，消费函数中以带有跳跃的泊松过程引入灾难，泊松过程的参数表示灾难概率，可以为常数，也可以为时变参数。

5.1.1　常数灾难模型

5.1.1.1　模型假设

假设消费服从以下微分方程：

$$dC_t = \mu C_{t-1}dt + \sigma C_{t-1}dB_t + (e^{Z_t} - 1)C_{t-}dN_t$$

上式中，N_t 是带有参数 λ 的泊松过程，Z_t 是随机变量，分布独立于 N_t 和 B_t，C_{t-} 代表 $\lim_{s \uparrow t}C_s$，C_t 代表 $\lim_{s \downarrow t}C_s$。其中，C_t 为消费，B_t 为标准布朗运动，N_t 为经济波动冲击，当它为负值时可以理解为经济灾难，$\mu C_{t-1}dt + \sigma C_{t-1}dB_t$ 代表没有灾难时期的消费。也就是说，当没有灾难时，对数消费增长率期望为 $\mu - \frac{1}{2}\sigma^2$，方差为 σ^2，μ 和 σ 为常数，则消费增长率波动稳定服从正态分布；当灾难发生时，λ 是其在给定单位时间内发生的概率，λ_t 则代表灾难发生强度。比如 λ 在给定时间 τ 内的发生概率等于 $e^{-\lambda\tau}\dfrac{(\lambda\tau)^k}{k!}$，$\tau$ 以年为单位。根据巴罗（Barro, 2006）[①] 的分析，λ 设定为 0.017，意味着一年内发生一次灾难的概率是 0.016 7，发生两次灾难的概率为 0.000 14，以此类推。

根据达菲和埃波斯坦（Duffie & Epstein, 1992）的研究，假设采用广义期望效用函数：

---

① 巴罗（Barro, 2006）统计了 20 世纪的 100 年间来自全球 35 个具有代表性的国家灾难发生的次数为 60 次，则平均每年一个国家发生灾难的概率为 0.017〔$\approx 60/(35 \times 100)$〕。其中，这 35 个国家分别为 20 个经济合作与发展组织（OECD）国家、8 个拉丁美洲国家和 7 个亚洲国家。

$$V_t = E_t \int_t^\infty f(C_s, V_s) \, ds \tag{5.1}$$

$$f(C, V) = \frac{\beta}{1 - \frac{1}{\psi}} \frac{C^{1 - \frac{1}{\psi}} - \left[(1 - \gamma) V \right]^{\frac{1}{\theta}}}{\left[(1 - \gamma) V \right]^{\frac{1}{\theta}}} \tag{5.2}$$

$\theta = \dfrac{1 - \gamma}{1 - \dfrac{1}{\psi}}$ 和 V_t 代表未来消费流效用，（5.1）式和（5.2）

式定义了 Epstein—Zin—Weil 效用函数。$\beta > 0$ 为时间偏好比率，$\psi > 0$ 为跨期替代弹性，$\gamma > 0$ 为相对风险规避系数。广义期望效用函数分离了消费者的相对风险厌恶和跨期替代弹性。

我们将灾难引入消费增长模型，接下来我们对模型求解。

5.1.1.2 模型解

为了求解模型，我们首先需要利用效用函数求解经济人价值函数，得到价值函数解，就可以推导出无风险利率、财富—消费比率及股利价格比。

第一，价值函数。假设 W_t 为经济人财富，J 为其函数，则：

$$J(W) = \frac{W^{1-\gamma}}{1 - \gamma} j^{1-\gamma} \tag{5.3}$$

设 S_t 为总体消费所有权，假设价格—股息比率（P-D）为常数，则：

$$\frac{S_t}{C_t} = l \tag{5.4}$$

上式中，l 是一个常数。

将总体消费代入前面的消费微分方程得到：

$$dS_t = \mu S_{t-} dt + \sigma S_{t-} dB_t + (e^{Z_t} - 1) S_{t-} dN_t \tag{5.5}$$

假设无风险利率为常数 r，根据 Bellman 等式，经济人将财富在消费与无风险资产之间进行分配，得到：

$$\sup_{\alpha, C} \{ J_W [W_\alpha (\mu - r + L^{-1}) + W_r - C] + \frac{1}{2} J_{WW} W^2 \alpha^2 \sigma^2 +$$

$$\lambda E_\nu [J(W(1 + \alpha (e^Z - 1))) - J(W)] \} + f(C, J) = 0 \qquad (5.6)$$

上式中，J_W 是财富 J 的一阶导数，J_{WW} 为二阶导数，α 为消费分配比例。

将（5.3）式代入（5.6）式根据 α 求导得到模型一阶条件：

$$W^{1-\gamma} j^{1-\gamma} (\mu - r + l^{-1}) - \gamma W^{1-\gamma} j^{1-\gamma} \alpha \sigma^2 +$$

$$W^{1-\gamma} j^{1-\gamma} \lambda E_\nu [(1 + \alpha (e^Z - 1))^{-\gamma} (e^Z - 1)] = 0$$

为了均衡，假定 α 等于 1。因此：

$$\mu + l^{-1} - r = \gamma \sigma^2 - \lambda E_\nu [e^{-\gamma Z} (e^Z - 1)] \qquad (5.7)$$

假设 r^C 代表消费流的瞬时收益，等于其均值加上股息加上价格预期变动，则：

$$r^C \equiv \mu + l^{-1} + \lambda E_\nu [e^Z - 1]$$

从而得到消费流的瞬时溢价为：

$$r^C - r = \gamma \sigma^2 + \lambda E_\nu [- e^{-\gamma Z} (e^Z - 1) + e^Z - 1] \qquad (5.8)$$

此为常数考虑灾难的消费瞬时溢价。其中，第一项 $\gamma \sigma^2$ 等于风险规避系数乘以消费波动率；第二项是罕见灾难概率下的补偿。

在均衡状态下 $W = S$，因此（5.4）式等价于 $\dfrac{W}{C} = l$。

假设 f_C 为对 C 的 $f(C, V)$ 的导数，其封闭解为 $J_W = f_C$。

由于财富消费比率为常数，则 $l = \beta^{-\psi} j^{\psi - 1}$。

将无风险利率代入（5.7）式得到：

$$r = \beta + \frac{1}{\psi} \mu - \frac{1}{2} (\gamma + \frac{\gamma}{\psi}) \sigma^2 + \lambda E_\nu [- (e^{-\gamma Z} - 1) + (1 -$$

$$\frac{1}{\theta}) (e^{(1-\gamma) Z} - 1)] \qquad (5.9)$$

前三项 $\beta + \dfrac{1}{\psi} \mu - \dfrac{1}{2} (\gamma + \dfrac{\gamma}{\psi}) \sigma^2$ 代表没有灾难时的折旧率、

消费者跨期平滑和谨慎性储蓄。$\lambda E_\nu [-(e^{-\gamma Z} - 1) + (1 - \frac{1}{\theta})(e^{(1-\gamma)Z} - 1)]$ 为灾难发生时风险补偿，随灾难强度增大而增加。下面本部分将此方法用于无套利资本市场定价的股利价格比及股市波动率计算中去。

第二，定价核心和股息。给定风险资产定价核心 π_t，任何风险资产价格均服从无套利原则，根据达菲和斯克达斯（Duffie & Skiadas，1994）的研究，风险定价核心与价值函数之间的联系为：

$$\pi_t = \exp\left\{\int_0^t f_V(C_s, V_s)\,ds\right\} f_C(C_t, V_t) \tag{5.10}$$

假设 Y_t 代表股息，根据阿贝尔（Abel，1999）和坎贝尔（Campbell，2003）的研究，设 $Y_t = C_t^\varphi$，C_t 为消费，φ 为消费增长率，根据 Ito 定理得到股票价格变动服从如下过程：

$$dY_t = \mu_Y Y_t dt + \varphi \sigma Y_t dB_t + (e^{\varphi Z_t} - 1)Y_{t-} dN_t \tag{5.11}$$

设 $F(Y_t)$ 代表股息所有权（也就是股票价格 Y_t 的函数），无套利意味着：

$$F(Y_t) = E_t\left[\int_t^\infty Y_s \frac{\pi_s}{\pi_t}ds\right] \tag{5.12}$$

给定一个跳跃扩散过程 x_t，设 Dx_t 代表过程漂移即均值，δx_t 为扩散，$J(x_t)$ 为过程的预期变动值，无套利意味着：

$$\pi_t(DF_t) + F_t(D\pi_t) + Y_t\pi_t + \delta\pi_t(\delta F_t) + \lambda J(\pi_t F_t) = 0 \tag{5.13}$$

$F_t = F(Y_t)$，$F(Y_t) = l_Y Y_t$。

将上式代入（13）得到：

$$\mu Y + l_Y^{-1} - r = \varphi\gamma\sigma^2 + \lambda E_\nu[e^{-\gamma z} - 1] - \lambda E_\nu[e^{(\varphi - \gamma)z} - 1] \tag{5.14}$$

设 r^e 代表股息的瞬时收益，r^e 等于均值加上股息再加上价格预期跳跃，P-D 比率为常数意味着价格的比例漂移等于股息的比例漂移，而价格的预期比例跳跃等于股息过程的预期比例跳跃，因此：

$$r^e = \mu_Y + l_Y^{-1} + \lambda E_\nu [e^{\varphi Z} - 1] \tag{5.15}$$

从而得到股利价格比率（P-D 比率）等于：

$$l_Y = \beta - \mu_Y + \frac{1}{\psi}\mu - \frac{1}{2}(\gamma + \frac{\gamma}{\psi} - 2\varphi\gamma)\sigma^2 + \lambda E_\nu [(1 - \frac{1}{\theta})(e^{(1-\gamma)Z} - 1) - (e^{(\varphi-\gamma)Z} - 1)] \tag{5.16}$$

（5.16）式第一项 $\varphi\gamma\sigma^2$ 等于风险规避系数乘以消费过程和股息过程的瞬时方差，第二项是灾难发生时的风险补偿。同样地，由于 $Z < 0$ 灾难风险项分布是正的，并且随强度 λ 而增大，因此股票收益波动率随灾难增大而增大。

5.1.2 时变灾难模型

由于时变罕见灾难概率产生时变折现率，灾难概率上升，投资者折现未来现金流就会上升，通过这个机制，时变灾难概率就会产生大的股票波动率，因此可以解释股票高波动率之谜。由于这一优点，近年来学者研究灾难模型往往采用时变灾难模型。

考虑灾难强度 λ 不是常数，而是服从如下随机过程：

$$d\lambda_t = k(\bar{\lambda} - \lambda_t)dt + \sigma_\lambda \sqrt{\lambda_t}dB_{\lambda, t} \tag{5.17}$$

假设布朗运动过程 $dB_{\lambda, t}$ 独立于 B_t，布朗过程驱使消费发生变动。

假设 EIS 等于1，达菲和埃波斯坦（Duffie & Epstein, 1992）证明了 $\psi = 1$，偏好可以表示为：

$$f(C, V) = \beta(1 - \gamma)V[\log C - \frac{1}{1 - \gamma}\log((1 - \gamma)V)] \tag{5.18}$$

这里消费与上节相同，除了灾难概率是时变的。

5.1.2.1　价值函数

假设价值函数形式为：

$$J(\lambda, W) = I(\lambda) \frac{W^{1-\gamma}}{1-\gamma}$$

上式中，I 是 λ 的函数，仍然假设 P–D 比率为常数 l，假设 r_t 为无风险利率，根据 Bellman 等式得到：

$$\sup_{\alpha_t, C_t} \{ J_W W_t \alpha_t (\mu - r_t + l^{-1}) + J_W W_t r_t - J_W C_t + J_{\lambda k} (\bar{\lambda} - \lambda_t) + \frac{1}{2} J_{WW} W_t^2 \alpha_t^2 \sigma^2 + \frac{1}{2} J_{\lambda\lambda} \sigma_\lambda^2 \lambda_t + \lambda_t E_\nu [J(W_t(1 + \alpha_t(e^{Z_t} - 1)), \lambda_t) - J(W_t, \lambda_t)] \} + f(C_t, J) = 0$$ 均衡条件下：

$$\mu - r_t + l^{-1} = \gamma \sigma^2 - \lambda_t E_\nu [e^{-\gamma Z} (e^z - 1)] \tag{5.19}$$

设 r_t^C 为消费所有权的瞬时预期收益，根据 $r_t^C \equiv \mu + l^{-1} + \lambda_t E_\nu [e^Z - 1]$，则瞬时股权溢价等于：

$$r^C - r_t = \gamma \sigma^2 + \lambda E_\nu [-e^{-\gamma Z} (e^z - 1) + e^z - 1] \tag{5.20}$$

与常数灾难风险不同，价值函数依赖于 λ_t，因此灾难风险增加会减少经济人效用。

均衡条件下：

$$W = S, f_C(C, V) = \beta(1 - \gamma) \frac{V}{C}$$

封闭解条件下：

$$I(\lambda) W^{-\gamma} = \beta(1 - \gamma) I(\lambda) \frac{W^{1-\gamma}}{1-\gamma} \frac{1}{l^{-1} W}$$

无风险利率等于：

$$r_t = \mu + \beta - \gamma \sigma^2 + \lambda_t E_\nu [e^{-\gamma Z} (e^z - 1)] \tag{5.21}$$

假设 $I(\lambda) = e^{a + b\lambda}$ 则：

$$a = \frac{1-\gamma}{\beta} (\mu - \frac{1}{2} \gamma \sigma^2) + (1 - \gamma) \log \beta + b \frac{k\bar{\lambda}}{\beta}$$

$$b = \frac{k + \beta}{\sigma_\lambda^2} - \sqrt{ \left(\frac{k + \beta}{\sigma_\lambda^2} \right)^2 - 2 \frac{E_\nu [e^{(1-\gamma)Z} - 1]}{\sigma_\lambda^2}} \tag{5.22}$$

由于 $b > 0$，$\gamma > 1$ 则灾难风险增加则减少经济人效用，从而股息减少，经济人需要对风险进行补偿，因此时变灾难风险增大股市超额收益率。

5.1.2.2　股息和股利价格比

给定价值函数，可以计算出状态价格密度函数，因此可以在无套利条件下对任何风险资产进行定价，则：

$$\pi_t(DF_t) + F_t(D\pi_t) + Y_t\pi_t + \delta\pi_t(\delta F_t) + \lambda J(\pi_t F_t) = 0$$

得到：

$$a_\varphi{}'(t) = \mu_Y - \mu - \beta + \gamma\sigma^2 - \gamma\sigma^2\varphi + k\bar{\lambda}b_\varphi(t)$$

$$b_\varphi{}'(t) = \frac{1}{2}\sigma_\lambda^2 b_\varphi(t)2 + (b\sigma_\lambda^2 - k)b_\varphi(t) + E_\nu[e^{(\varphi-\gamma)Z} - e^{(1-\gamma)Z}]$$

$$(5.23)$$

边界值为 $a_\varphi(0) = b_\varphi(0) = 0$。

上式中，$a_\varphi(t)$ 代表到期期限对股息所有权的效应，（5.23）式意味着到期期限增加，a_φ 随预期股息增长而增长，随无风险利率增加而减小。$b_\varphi(t)$ 代表到期期限与 λ_t 相互作用的效应，其中 $E_\nu[e^{(\varphi-\gamma)Z} - e^{(1-\gamma)Z}]$ 融合了股权溢价、无风险利率和现金流效应，$b\sigma_\lambda^2 b_\varphi(t)$ 为股权溢价，$\frac{1}{2}\sigma_\lambda^2 b_\varphi(t)^2 - kb_\varphi(t)$ 为 λ_t 未来变化对价格的效应。

根据上式得到：

$$r_t^e \equiv \frac{1}{F_t}[DF_t + Y_t + \lambda_t J(F_t)]$$

最后得到：

$$r^e - r^b = \varphi\gamma\sigma^2 - \lambda_t \frac{G'}{G}b\sigma_\lambda^2 + \lambda_t E_\nu[e^{\varphi Z} - e^{(\varphi-\gamma)Z} + (1-q)(e^{-\gamma Z} - 1) + q(e^{(1-\gamma)Z} - e^Z)]$$

$$(5.24)$$

第一项 $\varphi\gamma\sigma^2$ 为风险规避乘以与消费的协方差，后两项为时变风险灾难导致的风险补偿。

采用灾难和广义期望效用函数解释股市波动率之谜的内在经济含义是：经济景气时期，预期增长率上升，未来消费水平更高，边际效用下降，因此股票收益率上升；相反在经济衰退或灾难时期，人们预期未来经济会大幅下降，因此未来消费水平下降，边际效用上升，股票收益率下降。

5.2 实证分析

5.2.1 模型参数校正

在本部分模型中，需要校准的参数包括模型刻画现金流参数和刻画偏好参数。

巴罗—雷茨（Barro—Rietz）模型在度量罕见灾难时使用人均 GDP，由于本部分研究灾难的目的是解释我国股市波动之谜，我国股票市场数据从 1995 年开始，本部分统计了 1992—2012 年我国季度人均 GDP 的增长率数据，其中人口数据增长趋势平稳，因此通过差值得到季度数据，人均 GDP 数据经过季节化处理消除季节性特征，结果发现仅有 5 次的人均 GDP 增长率为负值[①]。本部分将这 5 次看作我国经济灾难发生的时间，以该数值的平均作为我国是否发生经济灾难的标准，可得 20 年间我国的灾难次数为 1 次，即 1998 年 1 季度，由于 1997 年亚洲金融危机爆发，我国经济亦受到影响，1998 年我国股票市场收益率也表现为负值，这与我国实际经济相一致。计算可得灾难发生的概率为 $0.012(\approx 1/83)$，根据泊松过程计算出灾难过程均值回复

---

① 人均 GDP 的增长率为负值的五次分别是：1997 年 1 季度、1998 年 1 季度、1999 年 1 季度、2009 年 1 季度和 2012 年 1 季度。

为0.014 3，灾难过程波动率参数为0.08。

我国1992—2012年人均GDP波动图如图5-1所示：

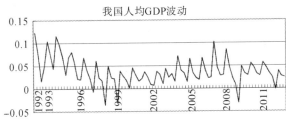

图5.1 我国人均GDP波动图

无灾难时消费平均增长率及无灾难时消费增长波动率根据实际数据计算得到，风险规避系数假定为3.0，跨期边际替代率假定为1.0，对我国居民消费的时间偏好参数，根据申树斌（2002）的研究选取0.04。

模型所有参数校正值如表5.1所示：

表5.1 　　　　　　　　　　**模型参数校正值**

现金流参数	
无灾难时消费平均增长率 μ	0.035 1
无灾难时消费增长波动率 σ	0.037 2
灾难出现平均概率 $\bar{\lambda}$	0.012
灾难过程均值回复 κ	0.014 3
灾难过程波动率参数 σ_λ	0.08
偏好参数	
时间偏好 β	0.04
风险规避系数 γ	3.0
跨期边际替代率 ψ	1.0

5.2.2 实证分析

根据灾难参数，对 λ 密度函数作图如图 5.2 所示：

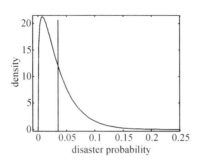

图 5.2　灾难概率密度分布图

由于无条件期望 $\bar{\lambda}$ 为 0.012，分布右偏，属于厚尾分布，图形显示右边拖着长尾巴，这意味着罕见灾难出现概率很大，但这种大概率的罕见灾难出现机会很少。

由于在时变灾难模型下 $a_{\varphi}(t)$ 和 $b_{\varphi}(t)$ 影响股息和 P-D 比率，因此对 $a_{\varphi}(t)$ 和 $b_{\varphi}(t)$ 作图如图 5.3 所示：

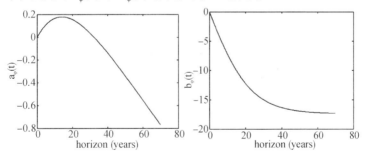

图 5.3　$a_{\varphi}(t)$ 和 $b_{\varphi}(t)$ 密度分布图

a_{φ} 接近线性递减函数，$b_{\varphi}(t)$ 为负值收敛到常数，意味着随着 λ_t 增加，P-D 比率下降。

将股票波动率与灾难概率作图如图5.4所示：

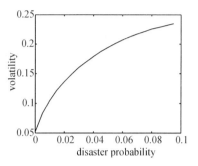

图 5.4　股票波动率与灾难概率关系图

图形显示股票波动率随灾难概率增大而增大，模型添加灾难能够有效解释股票波动之谜。

将实际数据与无灾难、常数灾难及时变灾难模型各变量特征值进行计算得到表5.2。

5.2　　　　　　　　**变量特征值计算比较表**　　　单位：100%

	原始数据	无灾难模型	常数灾难模型	时变灾难模型
无风险利率波动率	4.416 2	1.33	3.2	4.18
股票收益率波动率	17.94	9.58	15.4	17.64
Sharpe 比率	49.33	21.67	41	45.38
消费增长率波动率	0.037 2	0.000 1	0.013 8	0.036 9
红利增长率波动率	13.47	3.69	9.21	12.38

我国实际数据股票波动率是17.94%，无风险利率波动率仅为4.416 2%，消费增长率波动率仅为0.037 2%，采用无灾难模型计算无风险利率波动率结果为9.58%，常数灾难模型计算得到的是15.4%，而时变灾难模型计算得到的是17.64%；Sharpe

比率是 0.493 3，无灾难模型计算结果为 0.216 7，常数灾难模型计算得到的是 0.41，时变灾难模型计算得到的是 0.453 8；采用无灾难模型计算消费波动率结果为 0.000 1%，常数灾难模型计算得到的是 0.013 8%，时变灾难模型计算得到的是 0.036 9%；红利增长率波动率为 0.134 7，无灾难模型计算结果为 0.036 9，常数灾难模型计算得到的是 0.092 1，时变灾难模型计算得到的是 0.123 8。

时变灾难模型对各变量数学特征描述均优于无灾难模型和常数灾难模型，无灾难模型对于股市高波动率及消费增长率波动率几乎没有解释能力，而时变灾难模型在解释我国消费增长率波动率方面说服力更强，时变灾难模型可以很好地解释中国现实数据的高波动率之谜。

我们分析我国股票收益率及消费增长率数据，发现我国股市 1993—1994 年收益率下跌，1994—1996 年收益率回升。由于受到 1997 年亚洲金融危机的影响，1996—1998 年股票收益率波动率大幅下跌，1998 年回升。接着又受到 2002 年金融危机影响，我国股市 2000—2005 年进入"熊市"，2005—2007 年股市行情有所回升。美国次贷危机引发全球又一轮金融危机，我国股市 2007—2011 年进入"熊市"，2011 年后股市行情有所回升。相比较而言，我国消费增长率波动较平滑，1993—1994 年消费增长率有所下降，与股市波动一致，而 1997—1998 年、2002—2003 年期间消费增长率没有下降反而平缓增长，2004 年略有下降。我国居民消费增长率也基本没有受到 2007 年次贷危机影响，2007 年之后一直平滑增长。

本部分选取 1994—1996 年与 2007—2011 年样本期，即一轮"牛市"和一轮"熊市"数据进行模型拟合计算，对比结果如表 5.3 和表 5.4 所示：

表 5.3   1994—1996 年变量特征值计算比较表   单位：100%

	原始数据	无灾难模型	常数灾难模型	时变灾难模型
无风险利率波动率	6.960 1	3.22	5.78	6.89
股票收益率波动率	57.018 9	26.870 1	49.662 3	56.782 1
消费增长率波动率	0.031 48	0.000 2	0.013 8	0.032 9
红利增长率波动率	0.016 13	0.002 8	0.015 7	0.016 29

表 5.4   2007—2011 年变量特征值计算比较表   单位：100%

	原始数据	无灾难模型	常数灾难模型	时变灾难模型
无风险利率波动率	2.413 2	0.019 8	2.138 6	2.407 1
股票收益率波动率	72.376 6	35.96	69.21	72.03
消费增长率波动率	0.021 57	0.000 3	0.019 8	0.021 3
红利增长率波动率	0.178 4	0.009	0.159 6	0.178 1

    模型模拟结果显示，不论是"牛市"还是"熊市"，添加灾难的资产定价模型对于各变量拟合效果都大大优于无灾难模型，而时变灾难模型比常数灾难模型拟合效果更好。

    相比较而言，"熊市"拟合效果优于"牛市"拟合效果，尤其是股票收益率波动率及红利增长率波动率。这一结果符合灾难解释高股价波动的理论。在经济增长率中引入小概率大大影响经济的灾难，消费增长率不再服从正态分布，而是服从厚尾分布的不确定结构，因此随着时间的延长和不确定的增加，人们的预防性储蓄动机取代跨期消费替代动机，从而改变人们的储蓄和投资行为，因而得到较高的股票收益波动率，时变罕见灾难概率产生时变折现率，灾难概率上升，股票要求的溢价就会上升，投资者折现未来现金流就会上升。通过这个机制，时变灾难概率就会产生大的股票波动率，因此时变灾难模型更贴近现实经济，从而更具有说服力。

采用实际数据、无灾难模型、常数灾难模型及时变灾难模型对股票超额收益进行回归预测，结果如表 5.5 所示：

表 5.5 股票超额收益回归预测比较表

预测期限	1 年	4 年	8 年	10 年
实际数据				
β_1^{**}	−0.112 0	−0.347 7	−0.557 2	−0.701 6
R^2	0.013	0.018	0.14	0.15
无灾难模型				
β_1^{***}	−0.000 2	−0.000 2	−0.000 5	−0.001 2
R^2	0.000 0	0.000 0	0.000 1	0.000 1
常数灾难模型				
β_1^{***}	−0.000 2	−0.000 7	−0.001 0	−0.003 9
R^2	0.03	0.113	0.153	0.223
时变灾难模型				
β_1^{**}	−0.159 2	−0.571 5	−0.944 9	−1.136 3
R^2	0.17	0.34	0.52	0.58

*、**、*** 分别代表系数在 10%、5% 和 1% 显著性水平下通过显著性检验。

回归方程为：

$$\sum_{i=1}^{h} \log(R_{t+i}^e) - \log(R_{t+i}^b) = \beta_0 + \beta_1(p_t - y_t) + \varepsilon_t$$

上式中，R_{t+i}^e 和 R_{t+i}^b 分别代表股票市场和无风险利率，$p_t - y_t$ 为 P-D 比率。

预测结果显示所有回归系数均为负值，这与理论及学者已有的实证研究结果相一致，红利收益率越高，股票收益率则会越低，而一个高的 P-D 比率对应一个较低的灾难风险，因此预测出来的未来股票超额收益就低，随着时间跨度增大，回归模型的 R^2 增大，模型的解释能力增强。回归结果显示无灾难模型与常数灾难模型对股票超额收益预测能力非常弱，而时变灾难模型股利价格比对股票超额收益预测能力贴近现实数据，因此这又为今后股市投资提供了一个可行的科学指标。

5.3 小结

"股市波动之谜"自坎贝尔（Campbell）提出之后，尽管已有大量的研究，一直没有得到较好的解释，雷茨和巴罗（Reitz & Barro）将罕见灾难引入资产定价模型，较好地解释了高股权溢价和股市波动之谜。相对于我国低红利、无风险利率波动率及平滑的消费增长率，我国股市表现出高波动性。本部分基于非线性对数框架验证我国的确存在"股市波动之谜"，将广义期望效用函数和时变罕见灾难风险引入无套利资产定价模型，结果显示模型可以很好地解释我国现实数据的股市高波动性，尤其是股市"熊市"时变灾难模型更能体现灾难对投资者投资行为的影响从而影响资产价格波动，并且验证了灾难视角下股利价格比可以有效预测股票超额收益，这为今后解决股票、债券、期权等更多金融资产定价和价格波动之谜，提供了新的解决方法和研究框架。

6 灾难模型对我国股权溢价、股市波动及宏观经济变量联合建模的实证分析

中国自 1978 年改革开放以来，经济保持了年均近 10% 的高速增长，人均消费大幅上升，而中国宏观经济的大幅经济波动也是不容忽视的。与此同时，中国股票市场已经发展了 20 多年，中国股票市场发展的外部环境和内部结构已经发生了重大变化，伴随着经济增长和明显的经济波动，中国资本市场的回报率表现出较高的股权溢价与较大的波动性并存的现象。

传统标准消费资产定价模型中，当风险的价格是一个代表性投资者的相对风险回避系数时，股市风险数量根据超额股票回报与消费增长的协方差来测量，消费的平滑性使得股票回报与消费增长的协方差较低，因此股票溢价只能由非常高的风险回避系数来解释，梅赫拉和普雷斯科特（Mehra & Prescott, 1985）将此问题称为"股权溢价之谜"。

经过 20 多年的发展，学者们提出种种假说来对这一问题加以解释，包括考虑习惯形成的作用，考虑相对消费，考虑行为金融学中的损失厌恶，或使用广义期望效用函数，但没有一个能够完全解释股权溢价之谜。根据资产定价的核心，要解决股权溢价之谜，需要从相对风险厌恶、时间偏好及消费增长率波

动等方面入手，以往的模型都无法很好地解释股权溢价之谜，一个重要的原因是这些模型中的消费增长率缺乏大幅波动。基于这一思路，雷茨（Rietz，1988）在经济增长的马尔科夫过程中引入罕见灾难，成功地解释了股权溢价之谜。关于灾难对股权溢价之谜能够解释的经济含义，学者们的理解是由于灾难的厚尾分布和人们的预防性储蓄。由此可见，股权溢价、消费、储蓄等宏观经济变量波动及联动应构建考虑灾难的统一模型框架。

本部分考察我国宏观经济运行与股权回报率波动及联动性，构建带有时变罕见灾难的实际经济周期模型，试图探究我国宏观经济波动及与股市联动性，考察灾难冲击对我国宏观经济波动及股市波动传导机制，从而深刻刻画我国股市波动与经济周期波动的深层次原因，为今后资本资产定价及经济周期特征建模提供科学框架。

6.1 文献综述

基德兰德和普雷斯科特（Kydland & Prescot，1982）建立了一个动态随机一般均衡模型，该模型的核心思想就是人具有理性预期，市场没有摩擦和外部性，并会实现一般均衡，政府无须干预市场。经济中所有的现象都是行为人理性决策的结果。实际的技术冲击给经济带来不确定性，行为人的最优决策和市场交易会使得这种冲击得到放大，并最终产生经济波动，该模型也因为强调实际冲击而被称为实际经济周期模型（RBC模型）。近年来，吉尔曼（Jermann，1998）、布劳瑞和克里斯蒂亚诺（Boldrin & Christiano，2001）以及埃文·杰卡德（Ivan Jaccard，2008）都在RBC模型的框架下同时研究了美国的经济波动和资产回报率，并且对其决定机制进行了更为深入和一致的讨论。

真实经济周期理论的研究在国外非常丰富，我国学者在真实经济周期理论方面的研究起步较晚，但是研究正在逐步深入。卜永祥和靳炎（2002）用相对简单的 RBC 模型解释中国经济，通过将技术冲击和货币当局的货币政策冲击引入模型，并计算 Kydian—Prescott 方差比率，认为技术冲击可以解释中国经济波动的 76%。陈昆亭、龚六堂、邹恒甫（2004）在基本的 RBC 模型中引入人力资本，对我国 1952—2001 年的经济数据进行了模拟研究。黄赜琳（2005）构建了包含政府部门的 RBC 模型，分析技术冲击与财政政策冲击对宏观经济波动的影响。研究结果显示，技术冲击和政府支出冲击可以对 70% 以上的中国经济波动特征做出解释，但是其对与消费相关的变量进行了特殊处理，使模型合理性下降。陈昆亭、龚六堂（2006）构建了包含内生货币和粘滞价格机制的 RBC 模型，该模型对产出的粘滞性和波动性的模拟结果与事实经济情况非常接近，但对通货膨胀和就业水平的模拟与实际偏差较大。祝梓翔、邓翔（2013）构建了一个包含趋势性冲击和暂时性冲击的开放经济 RBC 模型，模型较好地拟合了中国的大部分经济波动特征；而包含政府消费和趋势性冲击的开放经济模型则出现了过度拟合，拟合结果较差。

以上文献对资本市场的股权溢价和宏观经济波动的研究都是独立建模，采用罕见灾难对经济波动及与股市联动进行研究的文献尚未见报端。

6.2 我国股权溢价及宏观经济运行

本部分选用我国 1978—2014 年的经济数据，数据均进行对数线性化和 H-P 滤波处理，目的是消除时间序列中的趋势成分，只保留波动成分（数据来源：国家统计局网站和中国经济数据库）。本部分的真实 GDP 以国内生产总值指数进行折算。就业指标参考黄赜琳（2005）的建议，采用就业率即就业人数除以总人口作为劳动供给的替代指标。资本指标参考单豪杰（2008）的资本存量数据，统一以 10.96% 的折旧率进行估算。投资指标采用固定资产形成总额数据，并采用固定资产价格指数进行折算。所有真实值的估算均以 1978 年为基期，相关结果如表 6.1 所示：

表 6.1　　　　　1978—2014 年中国经济变量特征

变量	I	II	各变量与产出各期交叉相关系数										
			−5	−4	−3	−2	−1	0	1	2	3	4	5
产出	4.46	1	−0.59	−0.67	−0.41	0.07	0.67	1.00	0.67	0.07	−0.41	−0.67	−0.59
消费	3.62	0.812	−0.48	−0.60	−0.44	−0.06	0.42	0.81	0.65	0.22	−0.14	−0.41	−0.50
投资	7.44	1.668	−0.46	−0.60	−0.50	−0.08	0.48	0.86	0.75	0.31	−0.21	−0.64	−0.73
就业	2.04	0.457	0.06	0.24	0.43	0.41	0.13	−0.29	−0.66	−0.47	−0.15	0.11	0.44
资本	5.47	1.226	−0.11	−0.15	−0.10	0.10	0.26	0.18	−0.09	−0.22	−0.20	−0.05	0.22

注：I 代表各变量的标准差，II 代表各变量相对于产出的标准差。

由表 6.1 可得出以下结论：第一，从各变量的波动幅度来看，投资、资本波动均大于产出波动，消费、就业波动均小于产出波动，并且投资波动幅度最大，约是产出波动的 1.67 倍，就业波动幅度最小，只有产出波动幅度的 2/5 左右。第二，从各变量的协同关系来看，消费、投资与资本均表现出明显的顺周期性，并且消费与投资表现得更为显著，而就业表现出一定的逆周期性。第三，从各变量之间的相关性来看，消费、投资与产出表现出明显的正相关性，而就业与产出有一定的负相关性。总之，我国相对剧烈的投资波动是与政府提倡投资拉动经济的决策密不可分的，投资的加剧带动资本与产出的波动幅度加大，而就业与产出以及就业与投资、消费的弱相关性显示出投资、产出与资本的增加并未导致就业的显著变化。

6.3 模型构建

本部分首先考虑一个简单资本生产力模型，对其进行求解得到股权溢价，接着基于基准斯麦特斯和沃特斯（Smets & Wouters，2003）的 RBC 模型，引入时变灾难风险，推导资本市场的资产价格，从而将宏观经济变量和资本市场联系在一起。

6.3.1 一个资本生产力经济的简单分析模型

考虑传统预期效用函数的经济人行为：

$$U = E_0 \sum_{t=0}^{\infty} \beta^t \frac{C_t^{1-\gamma}}{1-\gamma}$$

上式中，C_t 是消费，γ 为风险规避系数，β 为折现因子，经济生产函数为：

$$Y_t = AK_t$$

上式中，Y_t 是产出，K_t 是资本，A 是生产力，假设为常数。经济人面临的资源限制为：

$$C_t + I_t \leqslant AK_t$$

经济会随机受到灾难冲击，灾难会摧毁资本存量的 b_k 部分，设定一个信息变量 x_{t+1}，有灾难时为 1，无灾难时为 0，资本积累服从：

$$K_{t+1} = \left[(1-\delta)K_t + I_t \right] (1 - x_{t+1}b_k)$$

下一期资本等于当期资本折旧 $(1-\delta)K_t$ 加上最新投资 I_t，减去灾难发生导致的投资减少比例 $x_{t+1}b_k$。假设灾难概率是时变的，为 p_t，则模型有一个外生变量 p，一个内生变量 K 和一个控制变量 C，根据以上设定得到经济人的价值函数为：

$$V(K, p) = \max_{C, I} \left\{ \frac{C^{1-\gamma}}{1-\gamma} + \beta E_{p, x} \left[V(K^{'}, p^{'}) \right] \right\}$$

使得：

$$C + I \leqslant AK$$

$$K^{'} = \left[(1 - \delta) K + I \right] (1 - x^{'} b_k)$$

当期价值函数等于消费的效用函数加上上一期价值函数的折现，消费和投资面临生产的资源约束，下一期资本等于当期资本折旧 $(1 - \delta) K$ 加上最新投资 I_t，减去灾难发生导致的投资减少比例 $x_{t+1} b_k$。假设经济人价值函数 V 是同质的，则得到：

$$V(K, p) = \frac{K^{1-\gamma}}{1-\gamma} g(p)$$

$$g(p) = \max_i \left\{ \frac{(A - i)^{1-\gamma}}{1-\gamma} \right.$$

$$+ \beta \frac{(1 - \delta + i)^{1-\gamma} \left[1 - p + p (1 - b_k)^{1-\gamma} \right]}{1-\gamma} \left[E_{p}^{'} g(p^{'}) \right] \right\} \quad (6.1)$$

上式中，$i = \dfrac{I}{K}$ 是投资率，消费和投资是现期资本存量的一部分，但也依赖于灾难概率：

$$C_t = f(p_t) K_t$$

$$I_t = h(p_t) K_t$$

结果是灾难发生时，资本存量减少 b_k 部分，从而消费和投资也减少 b_k 部分，假设没有生产调整成本，收益是 $R_{t, t+1}^{e} = (1 - \delta + A)(1 - x_{t+1} b_k)$，没有灾难是 $(1 - \delta + A)$，发生灾难是 $(1 - \delta + A)(1 - x_{t+1} b_k)$，由于股票收益和消费在灾难发生时很低，因此股权溢价会很高。

（6.1）式对 i 一阶求导，得到一阶条件：

$$\left(\frac{A - i}{1 - \delta + i} \right)^{-\gamma} = \beta \left[1 - p + p (1 - b_k)^{1-\gamma} \right] \left[E_{p}^{'} g(p^{'}) \right] \quad (6.2)$$

假设 p 是独立同分布的，等式右边 g 的期望独立于 p，当

$\gamma > 1$ 时，$(1 - b_k)^{1-\gamma}$ 随 p 增大而增大，等式左边是 i 的递增函数，当 $\gamma > 1$ 时，i 随 p 增大而增大，反之则反是，当 $\gamma = 1$ 时，i 与 p 相互独立。这意味着 p 上升，投资变得有风险，消费储蓄取决于边际替代弹性（EIS），如果 EIS 等于 1，则储蓄不变，投资率不会对灾难进行反应，一旦 EIS 大于 1，则 i 随 p 增大而增大，导致投资减少、消费增加，从而导致资本存量和产出减少，预期股权溢价为：

$$\frac{E_t(R_{e,\,t+1})}{R_{f,\,t+1}} = \frac{[1 - p_t + p_t (1 - b_k)^{-\gamma}][1 - p_t + p_t(1 - b_k)]}{1 - p_t + p_t (1 - b_k)^{1-\gamma}}$$

无风险利率为：

$$R_{f,\,t+1} = \frac{1 - p_t + p_t (1 - b_k)^{1-\gamma}(1 - \delta + A)}{1 - p_t + p_t (1 - b_k)^{\gamma}}$$

由于传统预期效用函数无法分离消费者的风险偏好和时间偏好，当现实中存在不确定时，消费者对不同时间和不同状态的偏好并不一致，因此无法区分和体现宏观经济政策如何通过风险偏好和时间偏好两个渠道影响最优消费。广义期望效用函数（Epstein—Zin 偏好函数）分离了消费的跨期替代弹性，从而可以更好地解释股权溢价之谜。

将上述模型效用函数延伸为广义期望效用函数。

假设：

$$V_t = \left[C_t^{1-\gamma} + \beta E_t \left(V_{t+1}^{1-\theta} \right)^{\frac{1-\gamma}{1-\theta}} \right]^{\frac{1}{1-\gamma}}$$

上式中，θ 为风险规避系数，γ 为跨期替代弹性的倒数，β 为时间偏好，则一阶条件变为：

$$\left(\frac{A - i}{1 - \delta + i} \right)^{-\gamma} = \beta \left[1 - p + p (1 - b_k)^{1-\theta} \right]^{\frac{1-\gamma}{1-\theta}} \left[E_{p'} g(p')^{\frac{1-\gamma}{1-\theta}} \right]^{\frac{1-\theta}{1-\gamma}}$$

$$(6.3)$$

至此本部分构建了融入时变灾难的简单生产函数，用以探究宏观经济运行和资本市场联动的模型。

6.3.2 时变灾难 RBC 模型

由于时变罕见灾难概率产生时变折现率，灾难概率上升，股票要求的溢价就会上升，投资者折现未来现金流就会上升，通过这个机制，时变灾难概率就会产生大的股票波动率，因此可以解释股票高波动率之谜。由于该模型所具备的这一优点，近年来学者研究灾难模型往往采用时变灾难模型。

为了将上述简单模型扩展至 RBC 模型，并且假设：第一，灾难概率是持续的而不是独立同分布的；第二，古典生产函数受到标准总生产力冲击；第三，灾难影响总劳动生产力；第四，存在资本调整成本。设劳动为 N_t，消费 C_t，则经济人价值函数为：

$$V_t = \left[u\left(C_t,\ N_t\right)^{1-\gamma} + \beta E_t \left(V_{t+1}^{1-\theta}\right)^{\frac{1-\gamma}{1-\theta}}\right]^{\frac{1}{1-\gamma}} \qquad (6.4)$$

上式中，$u(C,\ N) = C^\nu\left(1-N\right)^{1-\nu}$

生产商遵循柯布—道格拉斯（Cobb—Douglas）生产函数，则：

$$Y_t = K_t^\alpha\left(z_t N_t\right)^{1-\alpha}$$

上式中，z_t 为总生产力，厂商通过调整成本积累资本：

$$K_{t+1} = \left[\left(1-\delta\right)K_t + \varphi\left(\frac{I_t}{K_t}\right)K_t\right]\left(1 - x_{t+1} b_k\right)$$

上式中，φ 是递增凹函数，曲率就是调整成本，无灾难时 x_{t+1} 是 0，有灾难时 x_{t+1} 是 1，面临的资源限制是 $C_t + I_t \leqslant Y_t$。

假设总生产力为单位根过程即：

$$\log z_{t+1} = \log z_t + \mu + \sigma \varepsilon_{t+1} + x_{t+1}\log\left(1 - b_{kfp}\right)$$

上式中，μ 是总生产力的漂移，σ 是标准差，b_{kfp} 是灾难发生总生产力下降水平值。

该模型包括 3 个状态变量（资本 K、技术 z、灾难概率 p）和 2 个独立的控制变量（劳动投入 N、消费 C）。

假设 $V(K, z, p)$ 为价值函数，定义 $W(K, z, p) = V(K, z, p)^{1-\gamma}$，则：

$$W(K, z, p) = \max_{C, I, N} \left\{ \left[C^v (1-N)^{1-v} \right]^{1-\gamma} + \left[\beta (E_{p', x', \varepsilon}) W(K', z', p')^{\frac{1-\theta}{1-\gamma}} \right]^{\frac{1-\gamma}{1-\theta}} \right\}$$

使得

$$C + I \leqslant z^{1-\alpha} K^\alpha N^{1-\alpha}$$

$$K' = \left[(1-\delta)K + \varphi\left(\frac{I}{K}\right)K \right](1 - x' b_k)$$

$$\log z' = \log z + \mu + \sigma \varepsilon' + x' \log(1 - b_{tfp}) \tag{6.5}$$

模型求解得到：

$$g(k, p) = \max_{c, i, N} \left\{ \left[\frac{C^{v(1-\gamma)}(1-v)^{(1-v)(1-\gamma)}}{E_{p'\varepsilon'x'} e\delta\varepsilon'(1-\theta)(1-x'b_{tfp})^{v(1-\theta)} g(k_1'p')^{\frac{1-\theta}{1-\gamma}}} \right] \right\}$$

使得：

$$c + i = k^\alpha N^{1-\alpha}$$

$$k' = \frac{(1 - x' b_k)\left[(1-\delta)k + \varphi\left(\frac{i}{k}\right)k\right]}{e^{\mu + \sigma\varepsilon'}(1 - x' b_{tfp})} \tag{6.6}$$

上式中，$c = \dfrac{C}{z}$，$i = \dfrac{I}{z}$。

为了得到股票溢价计算公式，采用无套利资产定价，假设随机贴现因子：

$$M_{t, t+1} = \beta \left(\frac{C_{t+1}}{C_t}\right)^{v(1-\gamma)-1} \left(\frac{1 - N_{t+1}}{1 - N_t}\right)^{(1-v)(1-\gamma)} \left[\frac{V_{t+1}}{E_t \left(V_{t+1}^{1-\theta}\right)^{\frac{1}{1-\theta}}}\right]^{\gamma-\theta}$$

$$\tag{6.7}$$

一期无风险债券率是 $E_t(M_{t, t+1})$，除息后的资产价格 P_t 由随即贴现因子递归得到：

$$P_t = E_t[M_{t, t+1}(D_{t+1} + P_{t+1})]$$

从而得到资产收益为：

$$R_{t,\,t+1} = (1 - x_{t+1}b_k)\,\varphi^{'}(\frac{I_t}{K_t})\,[\,\frac{1 - \delta + \varphi(\frac{I_{t+1}}{K_{t+1}})}{\varphi^{'}(\frac{I_{t+1}}{K_{t+1}})}$$

$$+ \frac{\alpha K_{t+1}^{\alpha} z_{t+1}^{1-\alpha} - I_{t+1}}{K_{t+1}}\,] \qquad (6.8)$$

至此本部分在 RBC 模型基础上将投资、消费以及资产价格即经济变量和资产价格联系在一起进行建模。

6.4 实证分析

6.4.1 模型参数校正

在本部分的模型中，需要校正的参数包括灾难概率参数和宏观经济运行参数。

巴罗—雷茨（Barro—Rietz）模型在度量罕见灾难时使用人均 GDP，由于本部分研究灾难的目的是解释我国股票溢价之谜，我国股票市场数据从 1995 年开始，本部分统计了 1992—2012 年我国季度人均 GDP 的增长率数据，其中人口数据增长趋势平稳，因此通过差值得到季度数据，人均 GDP 数据经过季节化处理消除季节性特征，结果发现仅有 5 次的人均 GDP 增长率为负值[①]。本部分将这 5 次看作我国经济灾难发生的时间，以该数值的平均作为我国是否发生经济灾难的标准，可得 20 年间我国的灾难次数为 1 次，即 1998 年 1 季度，由于 1997 年亚洲金融危机爆发，我国经济亦受到影响，1998 年我国股票市场收益率也表

---

① 人均 GDP 的增长率为负值的五次分别是：1997 年 1 季度、1998 年 1 季度、1999 年 1 季度、2009 年 1 季度和 2012 年 1 季度。

现为负值，这与我国实际经济相一致。计算可得灾难发生的概率为 0.012（≈ 1/83），并取这五年人均 GDP 增长率的均值为全要素生产率的下降比例 b_k，可得 b_k 等于 0.075 9。

我国 1992—2012 年人均 GDP 波动图如图 6.1 所示：

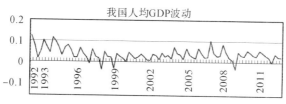

图 6.1　我国人均 GDP 波动图

对于资本份额，国内学者徐现祥和舒元（2009）的估计结果是 0.507，曹吉云（2007）的估计结果是 0.557，本部分取 0.5。对于折旧率，国内研究年度值大多设定为 10%（龚六堂、谢丹阳，2004；杜清源、龚六堂，2005），对应的季度值为 2.5%，本部分取 2.5%。对于折现因子，国内外文献大多数取值为 0.984（杜清源、龚六堂，2005），本部分亦取相同值。对于成本调整率，其反映粘性价格程度，陈昆亭、龚六堂（2006）研究取值为 0.6，这意味着厂商平均调价周期为 2.5 个季度，本部分即取值 0.6。对于跨期替代弹性，国内学者顾六宝、肖红叶（2004）测算的中国消费的跨期替代弹性为 3.916，本部分取 4.0。对于全要素生产率潜在趋势（增长率）和全要素生产率冲击的标准差，根据张军等（2005）的估计结果，分别为 2.88 和 0.043 4，本部分取相同值。假设灾难概率服从一阶自回归，计算得到其灾难概率对数持续因子和灾难概率对数无条件方差分别为 0.93 和 1.76。

模型参数校正值如表 6.2 所示：

表 6.2　　　　　　　　　模型参数校正值

参数	符号	校正值
资本份额	α	0.5
折旧率	δ	2.5%
折现因子	β	0.984
成本调整率	η	0.6
全要素生产率潜在增长趋势（增长率）	μ	2.88
全要素生产率冲击的标准差	σ	0.043 4
EIS 跨期替代弹性	$\dfrac{1}{\gamma}$	4.0
资本中的灾难水平	b_k	0.075 9
灾难概率对数持续因子	ρ_p	0.93
灾难概率对数无条件方差	$\dfrac{\sigma_p}{\sqrt{1-\rho_p{}^2}}$	1.76

6.4.2　实证分析

灾难概率增加对股权溢价和宏观经济变量的影响。为了探究灾难概率增加对我国股权溢价和宏观经济运行的影响效应，作图 6.2。

经济灾难的发生短期内对投资和就业的冲击最大，对产出和资本的冲击次之，对消费的冲击最小，刺激短期的消费。其运行机制包含如下几个方面：一是发生经济灾难（如金融危机）对宏观经济的影响首先作用于投资，其导致投资者避险情绪剧烈放大，从而推动利率大幅攀升，投资所需借贷资金的价格必将快速升高，故使得投资规模急剧缩减；二是投资规模的快速下降意味着就业岗位的不断减少，因此经济灾难对就业波动的影响是仅次于投资波动的第二个经济变量；三是投资和就业的下降必将影响产出水平，由于产出规模同时受已有资本存量和技术水平的影响，故产出的下降幅度要小于投资的下降幅度；四是投资和产出出现大幅下降之后，经济灾难对资本存量的影响才会逐渐显现，而当期资本存量的变动更多地受制于上一期投资和产出的变化，因此经济灾难对资本存量的短期影响并不明显；五是经济灾难在短期内刺激消费的小幅上升，主要是因为居民担忧经济灾难引起的通货膨胀、社会不稳定以及债务违约风险等因素，使得避险情绪上升，从而使投资份额下降，消费量短期出现小幅上升。从中长期来看，经济灾难对宏观经济的冲击之后，投资和就业的反弹最为显著，产出、资本和消费的复苏态势较为缓慢。其运行机制包含如下几个方面：一是经济灾难之后，投资规模降至历史低点，较高的弹性系数带动投资的快速反弹，由于经济灾难造成部分产业的巨大破坏，若想恢复至灾难之前水平尚需较长的时间；二是投资规模的快速上升带动相关产业的扩张，就业状况出现明显好转，5 年之后基本恢复至灾难发生之前的水平；三是投资和就业的快速复苏必将拉动产出水平的上升，由于许多产业在灾难之后需要对新设备、新技术进行重新配置，故短期的投资难以拉动产出的快速增长；四是因为经济灾难对资本存量和居民消费的影响有一定的滞后性，所以投资和产出的下降对下期的资本存量产生较大影响，当期的资本存量受到的冲击较小，消费主要是由居民的收入水平决定的，灾难发生后随着失业人数的增加，消费量才会出现明显的下降。

图 6.2 显示了灾难概率增加导致投资减少、消费增加，由于替代弹性大于 1，失业也减少，通过跨期替代效应，储蓄收益减少工作变得不诱人，灾难冲击对投资影响效应最大，与理论相一致。考虑资产价格，灾难冲击之后，股权溢价增加，无风

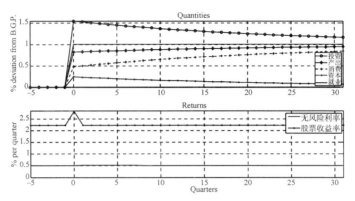

图 6.2　灾难概率增加对宏观经济变量和股票溢价的影响效应

险利率线和股票收益率线之间区域增大。短期利率下降，投资者会转移其组合到相对安全的资产上，股权溢价增加降低了股票价格。股权溢价是反周期的，与宏观经济运行变量变化趋势正相反。

宏观经济变量和资产收益的统计特征值。根据模型对我国投资、产出、消费及股票收益率与无风险利率特征进行模拟计算，结果如表6.3、表6.4所示：

表 6.3　　　模型宏观变量统计特征值估计结果

	$\dfrac{\sigma(\Delta\log C)}{\sigma(\Delta\log Y)}$	$\dfrac{\sigma(\Delta\log I)}{\sigma(\Delta\log Y)}$	$\sigma(\Delta\log Y)$	$\rho_{C,Y}$	$\rho_{I,Y}$	$\rho_{C,I}$
数据	0.978 4	1.350 4	0.028 4	0.997 247	0.996 849	0.991 111
无灾难	0.48	0.97	0.052 9	1.00	1.00	1.00
常数灾难	0.79	1.01	0.047 8	1.00	1.00	0.997 8
时变灾难	0.88	1.24	0.036 7	0.98	0.996 9	0.991 0

表 6.4 模型资产收益统计特征值估计结果

	股权溢价	股票收益率波动率
数据	9.427 5	45.178
无灾难	1.03	3.097
常数灾难模型	6.68	30.025
时变灾难模型	9.01	41.876

表 6.3 显示了宏观经济变量的特征值。其中,C 为消费,Y 为产出,I 为投资,$\dfrac{\sigma(\Delta \log C)}{\sigma(\Delta \log Y)}$ 为消费对产出波动率之比,$\dfrac{\sigma(\Delta \log I)}{\sigma(\Delta \log Y)}$ 为投资对产出波动率之比,$\sigma(\Delta \log Y)$ 为产出波动率,$\rho_{C,Y}$ 为消费和产出相关系数,$\rho_{I,Y}$ 为投资和产出相关系数,$\rho_{C,I}$ 为消费和投资相关系数,$E(R_f)$ 和 $\sigma(R_f)$ 表示无风险利率均值和标准差,$E(R_e)$ 和 $\sigma(R_e)$ 表示股票市场价格均值和标准差。

对比没有灾难模型与有灾难模型结果对宏观变量和资产收益的影响,结果显示消费比产出平稳,投资比产出波动大;而引入常数灾难概率,并不改变特征值结论,但是灾难概率变化会导致附加动态行为,如消费和产出之间关联下降,总波动上升。总之,模型与数据大部分特征值相近,除了估计的投资相对波动率较高,灾难风险冲击、风险溢价冲击对投资的动态行为影响最大。

表 6.4 显示相对于无灾难模型与常数灾难模型,时变灾难RBC 模型在消费波动率低的情况下模型很好地解释了我国的高股权溢价及股市波动。

分析我国股票收益率与消费增长率数据,我们发现我国股市 1993—1994 年收益率下跌,1994—1996 年收益率回升。由于受到 1997 年亚洲金融危机的影响,1996—1998 年股市股票收益率波动率大幅下跌,1998 年回升。接着受到 2002 年金融危机影响，我国股市 2002—2005 年进入"熊市"，2005—2007 年股市行情有所回升，2007 年美国次贷危机引发全球又一轮金融危机，我国股市 2007—2011 年进入"熊市"，2011 年后股市行情回升。相比较而言，消费增长率波动较平滑，1993—1994 年消费增长率有所下降，与股市波动一致，而 1997—1998 年、2002—2003 年期间没有下降反而平缓增长，2004 年略有下降，我国居民消费增长率也没有受到 2007 年美国次贷危机的影响，2007 年之后一直平滑增长。

本部分选取其中 1994—1996 年与 2007—2011 年样本期，即一轮"牛市"和一轮"熊市"数据进行模型拟合计算，对比结果如表 6.5 和表 6.6 所示：

表 6.5　　　　　　1994—1996 年变量特征值计算比较表　　　单位：100%

	原始数据	无灾难模型	常数灾难模型	时变灾难模型
股权溢价	45.183 3	3.08	27.89	37.66
消费增长率波动率	0.077 5	0.000 2	0.032 9	0.054 7

表 6.6　　　　　　2007—2011 年变量特征值计算比较表　　　单位：100%

	原始数据	无灾难模型	常数灾难模型	时变灾难模型
股权溢价	0.258	0.000 1	0.179	0.253
消费增长率波动率	0.148 5	0.001 9	0.102 7	0.147 9

模型模拟结果显示，不论是"牛市"还是"熊市"，添加灾难的资产定价模型对于股权溢价及消费增长率波动率拟合效果都大大优于无灾难模型，而时变灾难模型比常数灾难模型拟合效果更好。

相比较而言，"熊市"拟合效果优于"牛市"拟合效果，尤其是股权溢价，这一结果符合灾难解释高股权溢价的理论，首先即便是在正常经济状态下，投资者也会对资产未来可能面临的系统性风险要求一个正的风险溢价，因此投资者会对未来影响资产价格的可能灾难赋予一个正的概率。另外，灾难对于高股权溢价能够解释的经济含义是由于灾难的厚尾分布和人们的预防性储蓄，因此"熊市"期间考虑灾难影响对资产定价更贴近现实。

6.5 小结

资产定价理论经过多年的发展已经成熟，但这些理论关注的风险都是非系统性风险，对系统性风险与系统性风险对经济周期及金融市场影响方面的研究非常少。周小川（2012）指出，灾难是消费的非线性形式变化，是典型厚尾分布，正是考虑了这种厚尾消费灾难的存在及对金融市场的影响才得以合理解释高股权溢价及宏观经济运行特征。本部分基于灾难的 RBC 模型，对我国股权溢价与投资、产出和消费之间的关联提供了实证根据，验证了我国股权溢价的反周期特征，对于今后研究债券市场、期权市场与宏观经济运行间的关联与特征提供了科学可行的研究框架。

7 灾难模型对我国股权溢价及股市可预测性之谜的实证分析

  股票市场的收益率是资本市场的基本衡量工具与直观分析指标，由于我国证券市场起步较晚，发展还不完善，运用股息收益率分析股票价值和预测股票收益率的投资策略尚未引起广大投资者和学者的重视。国内现有文献对股票收益率的研究较多地集中在收益率分布的统计特征尤其是收益率的波动上，并且国内两大证券交易所在披露衡量或估算股票价值的相关信息时，仍将市盈率作为主要的披露指标。市盈率的计算是用每股股价除以每股收益，由于股价的剧烈波动长期偏离股票价值已被学者所证实，虽然有效市场理论认为股票的价格在一定程度上反映了公司的相关信息，但是即使股价保持不变，每股收益也并非真实反映出公司的相关信息。在我国股市发展的实践中，上市公司控股股东的利益驱动和中介机构执业准则的放弃使二者会联合构造虚假的财务报表来欺骗中小投资者。此外，市盈率也并非是投资专家用来选股的主要估值指标，因为市盈率本身无法体现出投资者的回报水平。

  本部分采用灾难模型对现实数据进行模拟估计对比分析，结果显示在合理的风险规避系数下，时变灾难和广义期效用函数模型可以很好地拟合我国现实数据的高股权溢价，并且模型得到的股利价格比可以有效预测股票超额收益，股票持有期越长，回归预测效果越好。

7.1 文献综述

法玛和弗伦奇（Fama & French，1988）最先在不同时限下对股票收益进行多元回归，从 1 个月到 4 年不同时限对股息收益率进行回归，报告了回归 R^2，结论是长期期限下股票超额收益是可预测的，P-D 比率和期限溢价可以预测股票收益波动率，这个结论被广泛应用。之后国外学者采用很多不同指标对股票超额收益进行预测。其中包括：第一，采用 P-D 比率和股息收益率对股票超额收益进行预测（Campbell & Shiller，1988；Campbell & Shiller，1989；Hodrick，1992；Campbell & Viceira，2002；Campbell & Yogo，2003；Lewellen，2004；Menzly，Santos & Veronesi，2004）。第二，采用 E-P（Earnings Price Ratio）比率对股票超额收益进行预测（Lamont，1998）。第三，采用账面价值比对股票超额收益进行预测（Kothari & Shanken，1997；Pontiff & Schall，1998）。第四，采用消费、财富和收入比率对股票超额收益进行预测（Lettau & Ludvigson，2001）。

对股息收益率、股利价格比及股票收益率进行回归预测的仅有王小泳（2012）。他运用协整模型对股息收益率、股票收益率及股利增长率进行实证分析，结果显示股息收益率对股票收益率存在显著效应，但股息收益率对股利增长率不存在显著效应。

7.2 模型构建

本部分考察灾难模型对股权溢价、股票收益及股票超额收益的可预测性，回归方程为：

$$R_{t+1}^e - R_{t+1}^f = \alpha + \beta \frac{D_t}{P_t} + \varepsilon_{t+1}$$

上式中，R_{t+1}^e 为实际股票收益，R_{t+1}^f 为实际债券收益，$\frac{D_t}{P_t}$ 为股息，科克伦（Cochrane，2008）的实证结果显示美国 1926—2004 年的 $\beta = 3.83$，$t - stat = 2.61$，$R^2 = 7.4\%$，当方程左边改为 R_{t+1}^e，即股票收益而不是超额股票收益，则 $\beta = 3.39$，$t - stat = 2.28$，$R^2 = 5.8\%$，区别不大。也就是说，股票收益是可预测的，因为风险溢价是可预测的，这就带来问题：灾难模型是否也可预测股票收益。

采用灾难和广义期望效用函数解释股权溢价的内在经济含义是：在经济景气时期，预期增长率上升，未来消费水平更高，边际效用下降，因此股票收益率上升，股权溢价增加；在经济衰退或灾难时期，人们预期未来经济会大幅下降，因此未来消费水平下降，边际效用上升，股票收益率下降，股权溢价减小。但是只采用广义期望效用函数解释股权溢价是做不到的，维尔（Weil，1990）的研究表明如果不引入灾难，仅使用广义期望效用函数不仅得到的股权溢价很小，还会产生高的无风险利率之谜。

本部分模拟结果显示当灾难模型使用传统期望效用函数则无法预测股票收益，原因是模型中的无风险利率波动太大，一个高概率的灾难减少的无风险利率比增加的股票溢价要多，因此 P-D 比率的方差就会很小。但是当使用灾难概率是独立同分布的、跨期替代弹性大于 1 且是广义期望效用函数则模型可以较好地预测股票收益。

7.2.1 传统期望效用函数时变灾难模型

根据标准 Lucas Tree 模型,经济人效用函数如下:

$$E \sum_{t=0}^{\infty} \beta^t \frac{C_t^{1-\gamma}}{1-\gamma}$$

上式中,$\beta > 0$ 为时间偏好比率,$\gamma > 0$ 为相对风险规避系数且为常数值,C_t 为 t 时期消费。

模型加入灾难如下:

$$\Delta \log C_{t+1} = \begin{cases} \mu + \sigma \varepsilon_{t+1}, & 1 - p_t \\ \mu + \sigma \varepsilon_{t+1} + \log(1-b), & p_t \end{cases}$$

由于时变罕见灾难概率产生时变折现率,灾难概率上升,股票要求的溢价就会上升。投资者折现未来现金流就会上升。通过这个机制,时变灾难概率就会产生大的股票波动率,因此可以解释股票高波动率之谜。由于该模型的这一优点,近年来学者研究灾难模型往往采用时变灾难模型。因此,本部分亦考虑时变灾难,灾难发生概率为 p,并且是时变的,ε_{t+1} 是独立同分布的,$0 < b < 1$,灾难发生则消费减少 b 的比例,假设 p_t 服从一阶马尔科夫过程,转换概率为 $F(p_{t+1}|p_t)$,并且是正自相关的,p_t 与 ε_t 不相关。

模型只有一个状态变量,就是灾难概率 p,可以把资产价格写成状态变量的函数,假设无风险利率 R_{t+1}^f 满足欧拉方程:

$$E_t \left[\beta \left(\frac{C_{t+1}}{C_t} \right)^{-\gamma} \right] R_{t+1}^f = 1$$

上述模型解为:

$$\log R^f(p) = -\log\beta + \gamma\mu - \frac{\gamma^2\sigma^2}{2} - \log[1 - p + p(1-b)^{-\gamma}]$$

当 $p = 0$ 简化为无灾难时对数正态模型，由于 $b < 1$，$p > 0$，则无风险利率较低，灾难概率越大，无风险利率越低，这意味着灾难概率大会降低资产预期回报率，增加风险，刺激储蓄，从而使利率降低。

考虑资产"股票"，股票价格满足如下递归：

$$\frac{P_t}{D_t} = E_t\left[\beta\left(\frac{D_{t+1}}{D_t}\right)^{1-\gamma}\left(\frac{P_{t+1}}{D_{t+1}} + 1\right)\right]$$

上式中，P_t 为股票价格，D_t 为股息，由于股利价格比只依赖于状态变量 p，设 $q(p)$ 为股利价格比，则 q 满足如下方程：

$$q(p) = \beta e^{(1-\gamma)\mu + (1-\gamma)^2\frac{\sigma^2}{2}}[1 - p + p(1-b)^{1-\gamma}]\int_{\underline{p}}^{\overline{p}}[q(p') + 1]$$

$$dF(p' \mid p)$$

现在我们计算股权溢价，假设：

$$E_t R_{t+1}^e = E_t(P_{t+1} + D_{t+1}/P_t)$$

则：

$$ER^e(p) = E_t(D_{t+1}/D_t)E_{p'\mid p}\left[\frac{q(p') + 1}{q(p)}\right]$$

得到：

$$ER^e(p) = \frac{e^{\mu+\frac{\sigma^2}{2}}[1 - p + p(1-b)]}{\beta e^{(1-\gamma)\mu+(1-\gamma)^2\frac{\sigma^2}{2}}[1 - p + p(1-b)^{1-\gamma}]}$$

重新写成对数形式：

$$\log ER^e(p) = \gamma\mu - \frac{\gamma^2\sigma^2}{2} + \gamma\sigma^2 - \log\beta$$

$$+ \log\left[\frac{1 - p + p(1-b)}{1 - p + p(1-b)^{1-\gamma}}\right]$$

则对数股权溢价为：

$$\log \frac{ER^e(p)}{R^f(p)}$$

$$= \gamma\sigma^2 + \log \frac{\left[1 - p + p(1-b)\right]\left[1 - p + p(1-b)^{1-\gamma}\right]}{1 - p + p(1-b)^{1-\gamma}}$$

可以看到当 p 非常小时，股权溢价是灾难概率的递增函数。

7.2.2 广义期望效用函数的时变灾难模型

采用传统期望效用函数的含义是如果投资者对不同状态时的消费波动持厌恶态度，则对不同时期的消费波动也会持厌恶态度。Epstein—Zin 对效用函数进行修改，采取了递归效用函数的形式，分离了投资者对风险厌恶和跨期替代的态度，使两个系数不再具有相关性。分离投资者对风险厌恶和跨期替代的态度，有助于在时间状态可分的效用函数下，揭示股权溢价所处的两难境地，因此称为广义期望效用函数。本部分将 Epstein—Zin 广义期望效用函数代替传统期望效用函数引入模型考查股权溢价及预期股票收益。

将跨期替代弹性与风险规避分离，则其效用函数定义为：

$$V_t = \left[(1-\beta)C_t^{1-\alpha} + \beta E_t \left(V_{t+1}^{1-\theta}\right)^{\frac{1-\alpha}{1-\theta}}\right]^{\frac{1}{1-\alpha}}$$

上式中，EIS 等于 $\frac{1}{\alpha}$，风险规避为 θ，当 $\theta = \alpha$ 或者没有风险时，则简化为传统期望效用函数，记资本市场随机贴现因子为：

$$M_{t+1} = \beta \left(\frac{C_{t+1}}{C_t}\right)^{-\alpha} \left[\frac{V_{t+1}}{E_t \left(V_{t+1}^{1-\theta}\right)^{\frac{1}{1-\theta}}}\right]^{\alpha-\theta}$$

将效用函数简化为：

$$\frac{V_t}{C_t} = \left\{1 - \beta + \beta E_t \left[\left(\frac{V_{t+1}}{C_{t+1}}\right)^{1-\theta} \left(\frac{C_{t+1}}{C_t}\right)^{1-\theta}\right]^{\frac{1-\alpha}{1-\theta}}\right\}^{\frac{1}{1-\alpha}}$$

此时唯一的状态变量还是 p，则预期对数股票收益为：

$$logER^e(p) = constant - log\beta + \alpha\mu + \frac{\sigma^2}{2}[1 - (1 - \theta)(1 - \alpha)] +$$

$$log\frac{1 - p + p(1 - b)}{[1 - p + p(1 - b)^{1-\theta}]^{\frac{1-\alpha}{1-\theta}}}$$

化简得到对数股权溢价为:

$$log\frac{ER^e(p)}{R^f(p)} = constant + \frac{\sigma^2}{2}[1 - (1 - \theta)(1 - \alpha)] - (\alpha - \theta -$$

$$\theta\alpha)\frac{\sigma^2}{2} + log\frac{[1 - p + p(1 - b)][1 - p + p(1 - b)^{-\theta}]}{1 - p + p(1 - b)^{1-\gamma}}$$

$$= constant + \theta\sigma^2 + log\frac{[1 - p + p(1 - b)][1 - p + p(1 - b)^{-\theta}]}{1 - p + p(1 - b)^{1-\gamma}}$$

这与上面普通效用函数的区别在于当 EIS 大于 1 时,预期股票收益不再随 p 而减小。

至此本部分给出利用时变消费灾难对股票收益及股权溢价与股息相联系的模型框架。

7.3 实证分析

7.3.1 模型参数校正

在本部分模型中,需要校准的参数模型刻画现金流参数和刻画灾难参数。

巴罗—雷茨(Barro—Rietz)模型在度量罕见灾难时使用人均 GDP,由于本部分研究灾难的目的是解释我国股票溢价之谜,而我国股票市场数据从 1995 年开始,因此本部分统计了 1992—2012 年间我国季度人均 GDP 的增长率数据,其中人口数据增长趋势平稳,通过差值得到季度数据,人均 GDP 数据经过季节化处理消除季节性特征，结果发现仅有 5 次的人均 GDP 增长率为负值①。因此，本部分将这 5 次看作我国经济灾难发生的时间，以该数值的平均作为我国是否发生经济灾难的标准，可得 20 年间我国的灾难次数为 1 次，即 1998 年 1 季度。由于 1997 年亚洲金融危机爆发，我国经济亦受到影响，1998 年我国股票市场收益率也表现为负值，因此与我国实际经济相一致，计算可得灾难发生的概率为 0.012（≈ 1/83），计算这 5 年人均 GDP 增长率的均值下降比例为 0.075 9。

1992—2012 年我国人均 GDP 波动图如图 7.1 所示：

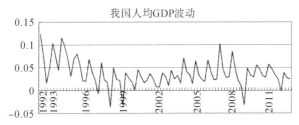

图 7.1　1992—2012 年我国人均 GDP 波动图

对于折现因子，国内外文献大多数取值为 0.984（杜清源、龚六堂，2005），本部分亦取相同值；无灾难时消费平均增长率及无灾难时消费增长波动率根据实际数据计算得到，风险规避系数假定为 4.0。

模型所有参数校正值如表 7.1 所示：

---

① 人均 GDP 的增长率为负值的 5 次分别是：1997 年 1 季度、1998 年 1 季度、1999 年 1 季度、2009 年 1 季度和 2012 年 1 季度。

表 7.1　　　　　　　　　模型参数校正值

折现因子 β	0.984
潜在增长率 μ	0.035 1
冲击标准差 σ	0.017
风险规避 θ	4
灾难程度 b	0.075 9

7.3.2　实证分析

本部分根据上述灾难模型对我国股权溢价、股票收益率波动率以及股利价格比率进行模拟计算，并采用股息收益率对股票收益率进行回归，回归方程为：

$$\sum_{i=1}^{h} \log(R_{t+i}^{e}) - \log(R_{t+i}^{b}) = \beta_0 + \beta_1(p_t - y_t) + \varepsilon_t$$

上式中，R_{t+i}^{e} 和 R_{t+i}^{b} 分别代表股票市场收益率和无风险利率，$p_t - y_t$ 为股利价格比。

首先采用传统期望效用函数灾难模型及无灾难模型对变量进行模拟分析，在不同期限（分别为 1~8 年）回归结果如表 7.2 所示：

表 7.2　　　　传统期望效用函数模型估计回归结果　　　单位：100%

	ER^e	$E(R^e - R^b)$	$\sigma(R^e)$	$\sigma(D)$	$\sigma(P-D)$	$\beta_{R^e R^b}$
1	5.258	3.427	13.995	6.054	0.183	3.351
2	10.115	8.285	12.808	11.666	0.055	16.464 *
3	5.091	3.315	14.165	6.068	0.187	3.367 *
4	5.419	3.534	13.832	6.041	0.179	3.33 *
5	4.941	3.534	6.257	6.055	0.005	-127.348 **
6	14.872	13.579	26.299	13.066	0.411	-3.234 **

表7.2(续)

	ER^e	$E(R^e - R^b)$	$\sigma(R^e)$	$\sigma(D)$	$\sigma(P-D)$	$\beta_{R^eR^b}$
7	14.148	12.459	22.662	13.066	0.392	-3.217 ***
8	9.167	6.691	18.338	13.066	0.41	-3.092 ***
真实数据	12.372	9.427 5	45.032	9.843	0.435 5	-3.350
无灾难模型	6.049 8	1.880 3	12.679	2.051	6.935 2	-3.894

注: *、**、*** 分别代表系数在10%、5%和1%显著性水平下通过显著性检验。

表7.2 中, ER^e 为股票预期收益, $E(R^e - R^b)$ 为股权溢价, 即股票收益率与无风险利率之差, $\sigma(R^e)$ 为股票收益波动率, $\sigma(D)$ 为股息波动率, $\sigma(P-D)$ 为股利价格比波动率, $\beta_{R^eR^b}$ 为回归系数。

结果显示由于我国真实股权溢价为 9.427 5%, 标准差为 45.032, 采用传统期望效用函数的灾难模型能够解释股权溢价, 这是其他无灾难模型做不到的, 而对股票收益波动率解释能力较差, 模型回归结果系数不稳定, 随着股票持有期限越长, 回归方程越显著。

接着采用 Epstein—Zin 广义期望效用函数灾难模型进行模拟回归, 回归结果如表 7.3 所示:

表7.3 Epstein—Zin 广义期望效用函数模型估计回归结果

单位: 100%

	ER^e	$E(R^e - R^b)$	$\sigma(R^e)$	$\sigma(D)$	$\sigma(P-D)$	$\beta_{R^eR^b}$
1	6.05	6.88	42.679	9.051	0.183	-3.89 **
2	11.547	9.378	46.764	9.332	0.055	-3.912 **
3	5.868	9.752	42.935	9.051	0.187	-3.913 **
4	6.224	9.002	42.434	9.051	0.179	-3.973 ***
5	5.715	9.013	42.217	9.051	0.005	-3.79 ***
6	16.474	9.85	43.551	9.485	0.411	-3.902 ***

表7.3(续)

	ER^e	$E(R^e - R^b)$	$\sigma(R^e)$	$\sigma(D)$	$\sigma(P-D)$	$\beta_{R^e R^b}$
7	15.741	9.711	49.344	9.485	0.392	-3.776 ***
8	10.697	9.916	44.291	9.485	0.41	-3.822 ***

注:*、**、*** 分别代表系数在10%、5%和1%显著性水平下通过显著性检验。

模拟结果显示,无灾难模型得到的股权溢价为1.880 3%,与真实股权溢价相差很大,说明无法解释我国股权溢价之谜,对股票收益波动率、股息收益波动率解释能力也非常不尽如人意,这与维尔(Weil, 1990)的研究结论相一致(即只采用广义期望效用函数无法有效解释股权溢价之谜)。

但采用 Epstein—Zin 广义期望效用函数的灾难模型对于解释我国股权溢价、股票收益波动率、股息收益波动率都有较强的说服力。使用股息对股票收益率进行回归系数估计结果稳定,并且随着股票持有期越长,回归拟合越好,这与理论及文献实证结果相一致。

7.4　小结

本部分基于巴罗—雷茨(Barro—Reitz)模型,将时变灾难概率和 Epstein—Zin—Weil 效用函数引入模型,对我国股票溢价及股票收益率回归预测进行模拟计算,在不需要假设高的风险规避系数下也可以很好地解释中国现实数据的股权溢价,并且发现采用广义期望效用函数包含灾难模型模拟结果优于无灾难模型及 CRRA 效用函数灾难模型。今后投资者可参考股息收益率对预期股票收益率进行预测及理性投资。本部分将罕见灾难因素融入股票预测模型,为今后资本市场分析构建了科学框架。

8 灾难风险下宏观经济波动及最优政策选择的实证分析

8.1 引言与文献综述

灾难大概可以分为自然灾难和经济灾难，前者包括自然灾害（如大地震、飓风等）和战争与社会动乱（如两次世界大战），而后者，比如 20 世纪 30 年代的全球经济大萧条、1997 年的东南亚金融危机及 2008 年的美国次贷危机引发的全球金融危机。虽然灾难都是小概率事件，但灾难一旦发生将产生巨大的影响。为了抵御金融危机及自然灾害对宏观经济的影响，多数国家均推出一系列财政政策和货币政策刺激经济，如大规模固定资产投资、降低贷款利率、减税、金融救援等。中国政府也不例外，中国政府面对 1997 年亚洲金融危机的冲击采取了积极的财政政策和稳健的货币政策，积极的财政政策主要是增发国债，稳健的货币政策则包括发展消费信贷及 1998 年 3 月 25 日、7 月 1 日和 12 月 7 日连续三次下调人民币存贷款利率。中国政府面对 2008 年美国次贷危机带来的冲击实行积极的财政政策和适度宽松的货币政策，包括财政上推出了 4 万亿元投资计划，于 2008 年 9 月 25 日、10 月 15 日、12 月 5 日和 12 月 25 日连续四次下调金融机构人民币存款准备金率，于 2008 年 9 月 16 日、10 月 9 日、10 月 30 日、11 月 27 日和 12 月 23 日连续五次下调金融机构存贷款基准利率，取消了实行将近一年的商业银行信贷额度控制。面临的外部冲击不同，调控政策的具体内容和力度不同，并且财政政策和货币政策调控针对的目标和效应有所不同，而灾难过后政策实施所产生的问题也有所不同，如财政支出的挤出效应、发行国债造成的金融系统负担等。由此可见，灾难事件已经显著影响了我国的宏观经济，加强我国经济抵御风险的能力、规避灾难性事件对经济的非理性冲击、有针对性调控应对灾难冲击将是未来政策制定者亟须重视的问题，如何采用最优政策使得灾难期福利损失最小化更是政策制定者关心和需要解决的问题。

国外关于罕见灾难方面的研究较为丰富。雷茨（Rietz，1988）和巴罗（Barro，2006）将"灾害性事件预期"引入资本资产定价模型，较好地解释了美国资本市场的"股权溢价之谜"与"无风险利率之谜"。格雷罗（Gourio，2012，2013）将灾难风险与真实经济周期 RBC 模型相结合，详细探讨了灾难风险在封闭经济与开放经济两种不同经济形式下对美国等发达经济体宏观经济周期的影响。加贝克斯（Gabaix，2012）采用线性化工具分析了灾难风险对股票市场与债券市场的解释作用。马丁（Martin，2013）在灾难风险理论的框架下采用高阶距的形式探讨高阶项对资产价格的敏感性等。

国内研究罕见灾难的相关文献较少。陈彦斌等（2009）将灾难性预期引入到 Bewley 模型中，较好地解释了中国城镇居民的财产分布状况。庄子罐（2011）认为，灾难性事件在解释中国福利成本方面有重要作用，中国宏观稳定政策的收益主要来源于降低灾难发生的概率，而不是通常意义上的经济波动等。袁靖、陈国进（2014）将灾难引入资本资产定价模型合理解释了中国股市的波动性之谜。袁靖、陈国进（2015）将灾难引入非线性 DSGE 模型，更好地解释了我国长期国债风险溢价的非线性和时变性特征。陈国进等（2014）基于灾难 RBC 模型，分析了灾难对我国经济波动的解释能力，并量化灾难事件对宏观经济的影响以及政府财政政策支持对灾后经济复苏的作用，结论发现含灾难 RBC 模型能够有效改善无灾难 RBC 模型对我国宏观经济波动的解释能力，灾难事件对我国经济的破坏性远大于美国，适度的政府补贴能够有效削弱宏观经济受灾难冲击的程度，但在缩短灾后宏观经济复苏时间方面的效果并不明显。

已有的关于灾难的研究重点在于灾难造成生产力大幅下降和政府支出增加，而对于政策制定者如何在灾难期使用最优政策手段应对灾难才是更加需要关注的问题。与本部分相近的文献仅有贾俊雪、郭庆旺（2012）的文章和陈伟忠、黄炎龙（2011）的文章，两篇文章在 Ransey 最优政策福利函数下，考察我国最优财政货币政策规则，一是模型均未考虑灾难，即没有探究面对灾难最优政策选择，二是对财政政策规则和货币政策规则使用了固定的模式，货币政策规则使用泰勒型利率规则，财政政策规则使用 Leeper 式财政政策规则，重点关注了税收、债务及财政支出之间的联动关系。财政政策规则和货币政策规则的形式较多，对于我国适合采用何种规则学者们的研究结论存在差异。本部分第一项工作基于斯特凡·尼曼和保罗·皮赫莱尔（Stefan Niemann & Paul Pichler，2011）的研究，构建新凯恩斯 DSGE 模型，根据 Ransey 最优政策福利函数准则，将灾难期规则行事与相机抉择政策进行对比。本部分的规则并没有给定具体函数形式，而是从广义角度的规则，综合考虑利率、税收、债务和财政支出对产出和通货膨胀及消费的影响，推导规则与相机抉择应对灾难的福利损失，结论显示面对灾难采用规则行事政策的福利成本比相机抉择政策的福利成本要小得多，规则行事政策接近 Ramsey 最优政策结果。规则行事下，债务动态行为波动性较大且具有高持续性，政府采用发行债务平滑税收不会导致通货膨胀及名义利率扭曲。相机抉择操作下，债务波动性较小自相关系数也较低，与政府支出及产出相关系数较大，原因是相机抉择下大型发债会导致时间不一致性，从而加剧通货膨胀，私人部门会提高其通货膨胀预期，通过菲利普斯曲线，名义利率会提高，拥有货币的成本在加大，因此结果导致政府会稳定债务水平。换句话说，若政府采用相机抉择政策操作，灾难会使债务作为冲击吸收器的作用减弱。本部分应用模型对美国经济进行了验证，结果也说明采用规则行事政策优于相机抉择政策。

本部分第二项工作是由于相机抉择会导致通货膨胀预期增加，因此参考罗戈夫（Rogoff，1985）和亚当与比利（Adam & Billi，2008）的惩罚目标函数的思想，考量相机抉择操作下结合稳健的货币政策即控制通货膨胀将通货膨胀偏离均衡值纳入政府目标函数，这比单纯的通货膨胀目标函数政策更宽泛也更具有实用性。对于惩罚函数中赋予通货膨胀惩罚的权重进行模拟，结果显示面对灾难当政府操作目标函数对于通货膨胀惩罚权重较大时（大于 0.8），相机抉择政策操作结合通货膨胀惩罚福利损失将大大减小，但此政策操作应对灾难的主要工具是通货膨胀税，而不是发行债务及财政支出刺激经济。本部分同时对美国经济进行模拟，结果显示当权重达到 0.9 时，相机抉择结合通货膨胀惩罚函数福利损失降到与规则行事政策操作相同，但同时也会降低工资税及债务平滑灾难的作用。

本部分第三项工作对斯特凡·尼曼和保罗·皮赫莱尔（Stefan Niemann & Paul Pichler，2011）的研究进行扩展，创新性地将政府支出分为生产性支出和消费性支出，这是斯特凡·尼曼和保罗·皮赫莱尔（Stefan Niemann & Paul Pichler，2011）

所没有开展的工作。区分生产性支出与消费性支出的主要原因是生产性支出会刺激投资，而消费性支出会刺激消费，两者面对灾难对经济恢复的途径存在差异。本部分模拟对比生产性支出与消费性支出下最优政策选择，此时对于生产性支出手段下仍然为规则行事政策操作为最优政策，而消费性支出手段下相机抉择结合稳健的货币政策即控制通货膨胀相结合为最优政策。

本部分的研究有助于深化灾难风险下我国宏观经济波动及最优政策的认识，并为灾后最优政策的制定提供一定的理论指导。

本部分余下部分安排如下：第二节构建灾难 DSGE 模型，并给出规则与相机抉择下福利函数表达式；第三节首先对模型参数进行校准与估计，模拟经济与实际经济的比较分析，并对最优债务、税收、通货膨胀等变量动态行为进行模拟对比，接着对模型做脉冲响应与方差分解，确定最优政策为规则行事而不是相机抉择；第四节在第二节模型基础上构建通货膨胀惩罚函数，考察对比最优政策选择，并对美国经济进行模拟对比；第五节在第二节基础上将财政支出分为生产性支出和消费性支出，考察最优政策选择；第六节为本部分的结论。

8.2 灾难风险下最优政策模型构建

本部分构建新凯恩斯 DSGE 模型，考虑名义和实际价格刚性，政府实施最优财政货币政策最大化居民户一生效用，面对灾难冲击假设政府拥有如下政策工具：政府支出、发行债务、征收税收。灾难设定与加贝克斯（Gabaix，2012）设定的相同，灾难发生概率很小，一旦发生则会对经济造成巨大损失。

8.2.1 经济设定

考虑一个生产经济，产品生产商是不完全竞争的，根据价格调整成本，制定名义价格。

8.2.1.1 家庭

经济中存在无数个同质家庭，每个家庭的偏好为可以表示为：

$$E_0 \sum_{t=0}^{\infty} \beta^t \left(\frac{c_t^{1-\sigma} - 1}{1-\sigma} - \alpha h_t \right) \tag{8.1}$$

上式中，消费为 c_t，劳动为 h_t，β、σ、α 分别为时间偏好因子、边际替代率倒数和劳动休闲边际替代率。居民拥有 M_t 单位货币和 B_t 单位无风险债券，劳动供给者提供劳动得到税后工资 $(1-\tau_t)P_t w_t h_t$，τ_t、w_t、P_t 分别为工资税收率、工资和价格水平，劳动者在完全竞争劳动市场上提供劳动 h_t 得到税后名义收入 $(1-\tau_t)P_t w_t h_t$。

8.2.1.2 产品生产商

设定生产函数为：

$$\tilde{y}_t = a_t \tilde{h}_t$$

上式中，a_t 为生产力冲击，设定为外生冲击。

将灾难引入生产函数：

$$\log a_{t+1} = \rho_a \log a_t + \varepsilon_{t+1}^a + \log(1 - \chi_{t+1})$$

上式中，ρ_a 为生产力过程自相关系数，ε_{t+1}^a 服从标准正态分布。

χ_{t+1} 为灾难性冲击，

$$\chi_{t+1} \in \{0, \bar{\chi}\}$$

$$\bar{\chi} \in (0, 1)$$

$$prob(\chi_{t+1} = \bar{\chi}) = prob(\chi_{t+1} = \bar{\chi} \mid \chi_t = \bar{\chi}) = \varpi^a,$$

ϖ^a 为灾难发生概率,概率非常小,参数 $\theta > 1$ 代表两种中间产品替代率,为常数,$\tilde{P}_t$ 代表垄断商控制的中间品价格,中间品需求依赖于总产出 y_t 和相对价格 $\dfrac{\tilde{P}_t}{P_t}$:$d(\tilde{P}_t,\ P_t,\ y_t) = y_t(\dfrac{\tilde{P}_t}{P_t})^{-\theta}$。根据已有的定价原理(Rotemberg,1982;Schmitt Grohe & Uribe,2004),价格调整成本为:

$$(\frac{\kappa}{2})(\frac{\tilde{P}_t}{\tilde{P}_{t-1}} - 1)^2 \qquad\qquad (8.2)$$

κ 生产商价格调整比例,货币流通速度为:

$$v_t = \frac{P_t c_t}{M_t} \qquad\qquad (8.3)$$

根据施密特·高仪和乌里韦(Schmitt Grohe & Uribe,2004)的研究,假设经济交易成本 $s(v_t)$ 满足没有负值,存在一阶和二阶导数。

家庭预算限制方程为:

$$M_t + B_t + (1 - \tau_t)P_t w_t h_t + \tilde{P}_t y_t(\frac{\tilde{P}_t}{P_t})^{-\theta} - P_t w_t \tilde{h}_t - (\frac{\kappa}{2})(\frac{\tilde{P}_t}{\tilde{P}_{t-1}} - 1)^2$$

$$= P_t c_t[1 + s(v_t)] + M_{t+1} + q_t B_{t+1} \qquad\qquad (8.4)$$

上式中,q_t 为债券价格。

8.2.1.3 政府

政府支出 g_t 满足:

$$\log g_{t+1} = (1 - \rho_g)\log\bar{g} + \rho_g \log g_t + \varepsilon^g_{t+1} + \log(1 + \xi_{t+1})$$

上式中,ρ_g 为政府支出过程自相关系数,ε^g_{t+1} 服从标准正态分布。

$$prob(\xi_{t+1} = \bar{\xi}) = prob(\xi_{t+1} = \bar{\xi} | \xi_t = \bar{\xi}) = \varpi^g$$

政府征收收入税，发行债券，取得铸币税收入，政府面临预算限制方程：

$$\tau_t P_t w_t h_t + (\bar{M}_{t+1} - \bar{M}_t) + q_t \bar{B}_{t+1} = P_t g_t + \bar{B}_t \tag{8.5}$$

8.2.1.4 私人部门均衡

对家庭与产品生产商计算其竞争性均衡条件方程：

$$L^H = E_0 \sum_{t=0}^{\infty} \beta^t \left\{ \frac{\left(\frac{v_t m_t}{1 + \pi_t}\right)^{1-\sigma} - 1}{1 - \sigma} - \alpha h_t \right.$$

$$+ \lambda_t \left[\frac{m_t + b_t}{1 + \pi_t} + (1 - \tau_t) w_t h_t + y_t (\tilde{p}_t)^{1-\theta} \right.$$

$$- \frac{w_t}{a_t} y_t (\tilde{p}_t)^{-\theta} - \frac{\kappa}{2} \left[\frac{\tilde{p}_t}{\tilde{p}_{t-1}} (1 + \pi_t) - 1 \right]^2$$

$$\left. \left. - \frac{v_t m_t}{1 + \pi_t} [1 + s(v_t)] - m_{t+1} - q_t b_{t+1} \right] \right\} \tag{8.6}$$

根据已有研究（Schmitt Grohe & Uribe, 2004; Stefan Niemann & Paul Pichler, 2011）的设定，交易成本函数为：

$$s(v) = A_1 v + \frac{A_2}{v} - 2\sqrt{A_2 A_1}$$

对以上模型求一阶最优化条件得到：

$$0 = \left(\frac{v_t m_t}{1 + \pi_t}\right)^{-\sigma} - \lambda_t [1 + s(v_t) + v_t s'(v_t)] \tag{8.7}$$

$$0 = -\alpha + \lambda_t (1 - \tau_t) w_t \tag{8.8}$$

$$0 = w_t - \frac{\theta - 1}{\theta} a_t - \frac{\kappa}{\theta h_t} \pi_t (1 + \pi_t) + \beta \frac{\kappa}{\theta h_t} E_t \frac{\lambda_{t+1}}{\lambda_t} \pi_{t+1} (1 + \pi_{t+1}) \tag{8.9}$$

$$0 = -\lambda_t + \beta E_t \frac{\lambda_{t+1}}{1 + \pi_{t+1}} [1 + v_{t+1}^2 s'(v_{t+1})] \tag{8.10}$$

$$0 = -\lambda_t q_t + \beta E_t \frac{\lambda_{t+1}}{1 + \pi_{t+1}} \qquad (8.11)$$

（8.7）式和（8.8）式是货币流通速度和劳动供给的最优选择，（8.9）式是前瞻菲利普斯曲线，（8.10）式为消费欧拉等式，（8.11）式为货币需求欧拉等式。

8.2.2 规则与相机抉择最优货币政策设定

货币政策的规则与相机抉择之争是指货币当局应该根据自己的判断按照最优化原则实施货币政策，还是应该按照某一既定的方法和原则实施货币政策。货币政策规则是给货币政策制定者一个规则，让货币政策制定者可以调整货币政策工具达到某种社会目标，比如稳定的通货膨胀率。规则可以阻止货币政策制定者盲目操作。一个货币政策规则就是在一定模型下结合给定社会福利目标货币政策工具的操作指南。本部分规则行事没有设定具体的规则函数，而是将其作为综合政策工具的规则行事，是所有政策工具的综合函数，而相机抉择规则的含义则是对于政策工具之间不考虑其联动关系，可以随意使用任何一种工具调节经济。

设定政府调节经济的政策工具包括 $\{v_t, w_t, q_t, m_{t+1}, b_{t+1}\}$ ，即可以调节收入税率、发行债务和征收铸币税。

8.2.2.1 规则行事政策设定 Ramsey 福利损失函数

$$
\begin{aligned}
L^c = E_0 \sum_{t=0}^{\infty} \beta^t \Big\{ & \frac{\tilde{c}(v_t, \pi_t, m_t)^{1-\sigma} - 1}{1 - \sigma} - \alpha \tilde{h}(v_t, \pi_t, m_t, a_t, g_t) \\
& + \gamma_t^1 \big[\tilde{\tau}(v_t, \pi_t, m_t, w_t) w_t \tilde{h}(v_t, \pi_t, m_t, a_t, g_t) \\
& + m_{t+1} + q_t b_{t+1} - g_t - \frac{m_t + b_t}{1 + \pi_t} \big] \\
& + \gamma_t^2 \big\{ (w_t - \frac{\theta - 1}{\theta} a_t) \tilde{h}(v_t, \pi_t, m_t, a_t, g_t)
\end{aligned}
$$

$$\tilde{\lambda}(v_t,\ \pi_t,\ m_t) - \frac{\kappa}{\theta}\tilde{\lambda}(v_t,\ \pi_t,\ m_t)\pi_t(1+\pi_t)$$

$$+ \beta\frac{\kappa}{\theta}E_t[\tilde{\lambda}(v_{t+1},\ \pi_{t+1},\ m_{t+1})\pi_{t+1}(1+\pi_{t+1})]\}$$

$$+ \gamma_t^3\{\tilde{\lambda}(v_t,\ \pi_t,\ m_t)$$

$$- \beta E_t[\frac{\tilde{\lambda}(v_{t+1},\ \pi_{t+1},\ m_{t+1})[1+v_{t+1}^2 s^{'}(v_{t+1})]}{1+\pi_{t+1}}]\}$$

$$+ \gamma_t^4[\tilde{\lambda}(v_t,\ \pi_t,\ m_t)q_t - \beta E_t(\frac{\tilde{\lambda}(v_{t+1},\ \pi_{t+1},\ m_{t+1})}{1+\pi_{t+1}})]\}$$

$$(8.12)$$

上式中，$\pi_t = \dfrac{P_t - P_{t-1}}{P_t}$ 为通货膨胀率。

$$x_t^c = (b_t,\ m_t,\ a_t,\ g_t,\ \gamma_{t-1}^2,\ \gamma_{t-1}^3,\ \gamma_{t-1}^4)$$

$$z_{t+1} = (\varepsilon_{t+1}^g,\ \varepsilon_{t+1}^a,\ \xi_{t+1},\ \chi_{t+1})$$

$$y_t^c = (v_t,\ \pi_t,\ w_t,\ q_t,\ \gamma_t^1)$$

$$y_t^c = G^c(x_t^c)$$

$$x_{t+1}^c = H^c(x_t^c,\ z_{t+1})$$

政策目的是运用政策工具包括发行货币、发行债务、增加税收和增加政府支出等促进产出增加控制价格稳定。

8.2.2.2　相机抉择政策设定 Ramsey 福利损失函数

$$L^D = \{\frac{\tilde{c}(.)^{1-\sigma}-1}{1-\sigma} - \alpha\tilde{h}(.) + \beta EU(b',\ m',\ a',\ g')$$

$$+ \eta^1[\tilde{\tau}(.)w\tilde{h}(.) + m' + qb' - g - \frac{m+b}{1+\pi}]$$

$$+ \eta^2\{(w - \frac{\theta-1}{\theta}a)\tilde{h}(.)\tilde{\lambda}(.) - \frac{\kappa}{\theta}\tilde{\lambda}(.)\pi(1+\pi)$$

$$+ \beta\frac{\kappa}{\theta}E[\tilde{\lambda}(.)\Pi(.)(1+\Pi(.))]\}$$

$$+ \eta^3 [\tilde{\lambda}(.) - \beta E(\frac{\tilde{\lambda}'(.) [1 + v(.)^2 s'(v(.))]}{(1 + \Pi(.))})]$$

$$+ \eta^4 [\tilde{\lambda}(.) q - \beta E(\frac{\tilde{\lambda}'(.)}{1 + \Pi(.)})]\} \qquad (8.13)$$

$x_t^d = (b_t, m_t, a_t, g_t)$

$y_t^d = (v_t, \pi_t, w_t, q_t, \eta^1, \eta^2, \eta^3, \eta^4)$

$y_t^d = G^d(x_t^d)$

$x_{t+1}^d = H^d(x_t^d, z_{t+1})$

在初始条件 h_0、τ_{-1}、q_{-1} 以及外生性冲击 a_t、g_t、χ_t 给定情况下，模型均衡由满足（8.2）式、（8.3）式、（8.6）式 ~（8.10）式以及（8.12）式和（8.13）式的 $\{c_t, h_t, M_t, B_t, \tau_t, w_t, \pi_t, v_t, q_t, y_t, \lambda_t\}$ 刻画。

8.2.3 规则与相机抉择最优政策均衡解

8.2.3.1 规则行事最优政策均衡解

根据政策工具 $\{v_t, w_t, q_t, m_{t+1}, b_{t+1}\}$，得到拉格朗日最优政策均衡解为：

$$0 = \gamma_{t-1}^2 \frac{\kappa}{\theta} [\tilde{\lambda}_t(2\pi_t + 1) + \tilde{\lambda}_{\pi_t}\pi_t(1 + \pi_t)]$$

$$- \gamma_{t-1}^3 \frac{\tilde{\lambda}_{v_t}[1 + v_t^2 s'(v_t)](1 + \pi_t) - \tilde{\lambda}_t[1 + v_t^2 s'(v_t)]}{(1 + \pi_t)^2}$$

$$- \gamma_{t-1}^4 \frac{\tilde{\lambda}_{v_t}(1 + \pi_t) - \tilde{\lambda}_t}{(1 + \pi_t)^2} + \tilde{c}_t^{-\sigma}\tilde{c}_{\pi_t} - \alpha\tilde{h}_{\pi_t}$$

$$+ \gamma_t^1 [w_t(\tilde{\tau}_{\pi_t}\tilde{h}_t + \tilde{\tau}_t\tilde{h}_{\pi_t}) + \frac{m_t + b_t}{(1 + \pi_t)^2}]$$

$$+ \gamma_t^2 \{(w_t - \frac{\theta - 1}{\theta}a_t)[\tilde{\tau}_{\pi_t}\tilde{h}_t + \tilde{\tau}_t\tilde{h}_{\pi_t}] - \frac{\kappa}{\theta}[\tilde{\lambda}_t(2\pi_t + 1)$$

$$+ \tilde{\lambda}_{\pi_t} \pi_t (1 + \pi_t)] \} + \gamma_t^3 \tilde{\lambda}_{\pi_t} + \gamma_t^4 \tilde{\lambda}_{\pi_t} q_t$$

$$0 = \gamma_t^1 (\tilde{\tau}_{w_t} w_t \tilde{h}_t + \tilde{\tau}_t \tilde{h}_t) + \gamma_t^2 \tilde{h}_t \tilde{\lambda}_t$$

$$0 = \gamma_t^1 b_{t+1} + \gamma_t^4 \lambda_t$$

$$0 = \gamma_t^1 + \beta E_t \{ \beta \gamma_t^2 \frac{\kappa}{\theta} [\tilde{\lambda}_{m_{t+1}} \pi_{t+1} (1 + \pi_{t+1})]$$

$$- \gamma_t^3 \frac{\tilde{\lambda}_{m_{t+1}} [1 + v_{t+1}^2 s'(v_{t+1})]}{1 + \pi_{t+1}} - \gamma_t^4 \frac{\tilde{\lambda}_{m_{t+1}}}{1 + \pi_{t+1}}$$

$$+ \tilde{c}_{t+1}^{-\sigma} \tilde{c}_{m_{t+1}} - \alpha \tilde{h}_{m_{t+1}} + \gamma_{t+1}^1 [w_{t+1} (\tilde{\tau}_{m_{t+1}} \tilde{h}_{t+1}$$

$$+ \tilde{\tau}_{t+1} \tilde{h}_{m_{t+1}}) - \frac{1}{1 + \pi_{t+1}}] + \gamma_{t+1}^2 \{ (w_{t+1} - \frac{\theta - 1}{\theta} a_{t-1}) [\tilde{\lambda}_{t+1} \tilde{h}_{m_{t+1}}$$

$$+ \tilde{\lambda}_{m_{t+1}} \tilde{h}_{t+1} - \frac{\kappa}{\theta} \tilde{\lambda}_{m_{t+1}} \pi_{t+1} (1 + \pi_{t+1})] \}$$

$$+ \gamma_{t+1}^3 \tilde{\lambda}_{m_{t+1}} + \gamma_t^4 \tilde{\lambda}_{m_{t+1}} q_{t+1}$$

$$0 = \gamma_t^2 q_t - \beta E_t \frac{\gamma_{t+1}^1}{1 + \pi_{t+1}}$$

给定初始值 m_0、b_0、a_0、g_0，设定 $\gamma_{-1}^2 = \gamma_{-1}^3 = \gamma_{-1}^4 = 0$，则模型非线性函数解：

$$E_t F^c (x_{t+1}^c, x_t^c, y_{t+1}^c, y_t^c, z_{t+1}) = 0$$

$$x_t^c = (b_t, m_t, a_t, g_t, \gamma_{t-1}^2, \gamma_{t-1}^3, \gamma_{t-1}^4)$$

$$y_t^c = (v_t, \pi_t, w_t, q_t, \gamma_t^1)$$

$$z_{t+1} = (\varepsilon_{t+1}^g, \varepsilon_{t+1}^a, \xi_{t+1}, \chi_{t+1})$$

上式中，x_t^c 为规则行事的政策工具；y_t^c 为政策目标，包括通货膨胀、最优债券发行量、最优税率；z_{t+1} 为模型外生冲击，包括灾难冲击。

8.2.3.2　相机抉择下最优政策均衡解

拉格朗日最优政策均衡解为：

$$0 = \tilde{c}^{-\sigma}\tilde{c}_v - \alpha\tilde{h}_v + \eta^1\sum\nolimits_v + \eta^2\Omega_v + \eta^3\Psi_v + \eta^4\Phi_v$$

$$0 = \tilde{c}^{-\sigma}\tilde{c}_\pi - \alpha\tilde{h}_\pi + \eta^1\sum\nolimits_\pi + \eta^2\Omega_\pi + \eta^3\Psi_\pi + \eta^4\Phi_\pi$$

$$0 = \eta^1\sum\nolimits_w + \eta^2\Omega_w$$

$$0 = \eta^1\sum\nolimits_q + \eta^2\Phi_q$$

$$0 = \beta E\{(\tilde{c}')^{-\sigma}\tilde{c}'_{m'} - \alpha\tilde{h}'_{m'} + \eta^{1'}(\sum\nolimits_m)' + \eta^{2'}(\Omega_m)' + \eta^{3'}(\Psi_m)'$$
$$+ \eta^{4'}(\Phi_m)'\} + \eta^1\sum\nolimits_{m'} + \eta^2\Omega_{m'} + \eta^3\Psi_{m'} + \eta^4\Phi_{m'}$$

$$0 = \beta E\{\eta^{1'}(\sum\nolimits_b)' + \eta^1\sum\nolimits_{b'} + \eta^2\Omega_{b'} + \eta^3\Psi_{b'} + \eta^4\Phi_{b'}$$

给定初始值 m_0、b_0、a_0、g_0，设定 $\eta^2_{-1} = \eta^3_{-1} = \eta^4_{-1} = 0$，则模型非线性函数解 $E_t F^d(x^d_{t+1}, x^d_t, y^d_{t+1}, y^d_t, z_{t+1}) = 0$

$$x^d_t = (b_t, m_t, a_t, g_t)$$
$$y^d_t = (v_t, \pi_t, w_t, q_t, \eta^1_t, \eta^2_t, \eta^3_t, \eta^4_t)$$
$$z_{t+1} = (\varepsilon^g_{t+1}, \varepsilon^a_{t+1}, \xi_{t+1}, \chi_{t+1})$$

上式中，x^d_t 表示相机抉择下的政策工具，y^d_t 为政策目标，包括通货膨胀、最优债券发行量、最优税率，z_{t+1} 为模型外生冲击，包括灾难冲击。

8.3　最优政策估计及模拟对比

8.3.1　数据说明

本部分选用我国 1992—2013 年的经济数据，包括真实 GDP、财政收入、财政支出、各项税收、消费税、个人所得税、企业所得税和中央财政债务余额，所有数据均进行 HP 滤波处理，保留其长期趋势和波动成分（数据来源：国家统计局网站和中国经济数据库）。

将以上数据作图如图 8.1 所示：

（单位：亿元）

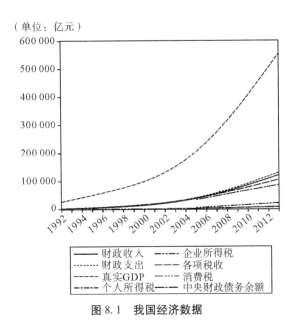

图 8.1　我国经济数据

由图 8.1 可以看出，我国真实 GDP、财政收入、财政支出及各项税收基本呈上升趋势。1988—2000 年，真实 GDP 由于受到亚洲金融危机影响有所下降，但 2008 年受到美国次贷危机影响较小，说明我国应对外部经济环境恶化的能力增强。财政支出、财政收入及各项税收前期增长缓慢，但 2009 年后出现较大幅度的增长，这是我国刺激经济并实行 4 万亿元刺激经济计划的表现。我国政府债务占 GDP 比重 2006 年为 17.6%，2007 年下降为 16.2%，但是由于受 2008 年美国次贷危机影响我国发行债务导致债务占 GDP 比重上升到 19.6%，之后大幅下降，到 2010 年下降为 17.7%，到 2011 年由于我国经济结构调整，发行债务弥补政府财政赤字，2011 年国债占 GDP 比重上升到历史最高点 33.5%，之后又开始下降，2014 年下降为 22.4%，发行债务越来越成为一种应对危机的工具。

8.3.2 参数校准

本部分 DSGE 模型部分结构性参数需要采用校准，而其余参数则采用极大似然估计方法进行估计。对于折现因子，国内外文献大多数取值为 0.984（杜清源、龚六堂，2005；Gilchrist & Saito，2006），本部分亦取相同值；对于消费跨期替代弹性，国内学者顾六宝、肖红叶（2004）测算的中国消费的跨期替代弹性为 3.916，本部分取 4.0；对于价格调整概率，其反映黏性价格程度，陈昆亭、龚六堂（2006）取值为 0.6，这意味着厂商平均调价周期为 2.5 个季度，本部分取值为 0.6；对于劳动供给间替代弹性，根据李成、马文涛和王彬（2011）的研究，本部分取值为 5.25；对于灾难概率，根据陈国进等（2014）的研究，本部分设定为 0.05，与陈彦斌等（2009）用于模拟我国居民财产分布时采用的灾难风险概率 0.03 相近。

8.3.3 含灾难最优政策 DSGE 模型经济波动模拟对比分析

经济变量最优动态行为模拟如表 8.1 所示：

表 8.1　　　　　　　经济变量最优动态行为模拟

变量	均值	标准差	与自身滞后一期相关系数	与财政支出相关系数	与产出相关系数
真实经济					
税收占 GDP 比重	0.165 4	0.032	0.93	0.817	0.659
利率	0.211	4.36	0.661	0.379	0.343
通货膨胀率	0.047	0.063 8	0.746	−0.463	−0.274
债务占 GDP 比重	0.168 3	0.0197	0.281	−0.584	−0.736
财政支出占 GDP 比重	0.173 3	0.043	0.976	1.00	0.897
消费增长率	0.108	0.036 3	0.614	0.638	0.605

表8.1(续)

变量	均值	标准差	与自身滞后一期相关系数	与财政支出相关系数	与产出相关系数
灾难					
规则行事（福利成本=1.36）					
税收占 GDP 比重	0.155 7	0.276	0.88	0.727	0.791
利率	0.339	5.36	0.681	0.319	0.572
通货膨胀率	0.062	0.067 1	0.789	-0.392	-0.381
债务占 GDP 比重	0.173	0.038 5	0.374	-0.486	-0.676
财政支出占 GDP 比重	0.189 2	0.045	0.798	1.00	0.867
消费增长率	0.106	0.043 3	0.594	0.591	0.681
相机抉择（福利成本=2.07）					
税收占 GDP 比重	0.355 7	0.775	0.89	0.572	0.712
利率	0.457	7.28	0.591	0.116	0.81
通货膨胀率	0.071	0.123	0.623	-0.284	-0.213
债务占 GDP 比重	0.332	0.007 1	0.123	-0.397	-0.781
财政支出占 GDP 比重	0.239 4	0.068	0.721	1.00	0.71
消费增长率	0.096	0.057 2	0.721	0.396	0.719

本部分首先计算了我国真实经济数据的税收占 GDP 比重、债务占 GDP 比重、财政支出占 GDP 比重、利率、通货膨胀率及消费增长率这 6 个变量的均值、标准差、与自身滞后一期相关系数、与财政支出相关系数及与产出相关系数，接着采用构建模型对灾难下规则行事及相机抉择的结果进行描述性分析，并计算福利成本。

结果显示面对灾难采用规则行事政策的福利成本比相机抉择政策的福利成本要小得多，规则行事政策接近 Ramsey 最优政策结果（福利成本为 0）。变量描述性分析结果显示，规则行事债务动态行为波动性较大且具有高持续性，与财政支出及产出相关性较小，说明政府采用发行债务平滑税收，这也是因为增大债务存量不会导致通货膨胀及名义利率扭曲。相机抉择操作下，债务波动性较小，自相关系数也较低，与财政支出及产出相关系数较大，原因是相机抉择下大量发债会导致时间不一致性，从而加剧通货膨胀，私人部门会提高其通货膨胀预期，通过菲利普斯曲线，名义利率会提高，拥有货币的成本在加大，因此导致政府会稳定债务水平。换句话说，若政府采用相机抉择政策操作，灾难会使债务作为冲击吸收器的作用减弱，政府会使用通货膨胀、利率和税收而不仅仅是债务来调节经济，相机抉择下税收的标准差是规则行事下的 2.8 倍。

灾难发生将导致生产力大幅下降，这会降低实际工资和实际利率，因此劳动供给会减少，政府想要激励劳动供给，可以采取降低工资所得税或者提高实际利率的措施。根据巴罗（Barro，2006）的研究，灾难幅度的分布呈典型的非正态厚尾分布。雷茨和巴罗（Reitz & Barro）在估计模型时采用校准方法，对一个可能以每年 1.7% 的概率发生、损失为当年 GDP 的 25% 的灾难，社会愿意每年减少近 20% 的 GDP 来消除这种潜在的灾难。由此可知，当未来的经济周期波动可能造成消费的大幅下降时，即便这一概率很小，人们也愿意牺牲相当大的福利来消除它，这一现象被称为"预防性储蓄"（Kimball & Weil，2009）。本部分结论也支持了灾难的预防性储蓄理论的科学性。

8.3.4　模型脉冲响应

对模型的产出、消费、债务占 GDP 比重、税收占 GDP 比重、财政支出占 GDP 比重及通货膨胀率变量的真实经济、规则行事及相机抉择下灾难冲击进行脉冲响应如图 8.2 所示：

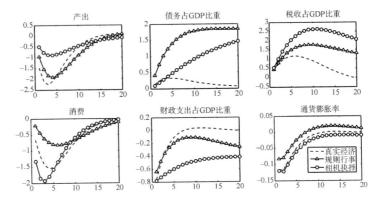

图 8.2　模型脉冲响应

脉冲响应结果显示，灾难下，产出和消费都会下降，因此政府采用发行债务、增加政府支出及减少税收来刺激经济，但是产出下降采用规则行事比相机抉择政策操作下降要多，而消费下降采用规则行事比相机抉择操作下降要少很多。这说明规则行事更注重通过刺激消费、增加劳动供给来达到长期恢复经济均衡状态的目的。规则行事下债务作用较大，而相机抉择下发行债务的吸收器作用得不到发挥，大量发债会导致时间不一致性，从而加剧通货膨胀，私人部门会提高其通货膨胀预期，因此会将最优通货膨胀率控制在低水平。产出、消费、债务占 GDP 比重、税收占 GDP 比重、政府支出占 GDP 比重及通货膨胀率在规则行事操作下都比相机抉择操作下恢复初始均衡状态时间短。

8.3.5　与美国经济对比

对美国经济进行模拟，参数校准值参照已有研究（Schmitt Grohe & Uribe，2004；Stefan Niemann & Paul Pichler，2011），折现因子取值 0.96，边际替代率倒数取值 2，休闲边际效用取值

10.4，需求价格弹性取值11，价格调整规模取值1，灾难发生概率取值0.015。

美国经济模拟结果如表8.2所示：

表8.2 美国经济模拟结果

变量	均值	标准差	与自身滞后一期相关系数	与财政支出相关系数	与产出相关系数
灾难					
规则行事（福利成本＝1.94）					
税率	22.854	0.677 5	0.73	0.37	0.05
利率	3.903	1.362 3	0.68	−0.17	−0.69
通货膨胀率	0.121	0.606 4	0.00	0.01	−0.17
债务占 GDP 比重	0.098	0.033 3	0.99	0.12	−0.10
财政支出占 GDP 比重	0.317	0.010 8	0.83	0.60	0.85
消费增长率	0.255	0.008 5	0.88	−0.01	0.76
相机抉择（福利成本＝2.05）					
税率	22.636	2.682 4	0.43	0.70	−0.08
利率	4.858	3.420 2	0.37	0.33	−0.45
通货膨胀率	0.983	1.069 8	0.21	0.47	−0.16
债务占 GDP 比重	0.099	0.004 4	0.84	0.4	0.65
财政支出占 GDP 比重	0.317	0.010 7	0.83	0.39	0.71
消费增长率	0.255	0.010 5	0.86	−0.27	0.73

美国经济模拟结果显示，美国采用规则行事比采用相机抉择政策操作更有效，灾难会使债务波动性增大，相机抉择下税收的标准差是规则行事下的4倍，规则行事下增大大约24%而相机抉择下翻倍，从而导致产出波动性几乎翻倍，灾难会使债务作为冲击吸收器的作用减弱几乎10%。以上结果说明美国面对灾难采用规则行事操作是最优政策。

8.4 相机抉择结合通货膨胀惩罚函数最优政策模拟

8.4.1 通货膨胀惩罚函数

前面验证了由于相机抉择下大量发债会导致时间不一致性，从而加剧通货膨胀，私人部门会提高其通货膨胀预期，通过菲利普斯曲线，名义利率会提高，拥有货币的成本在加大，因此导致政府会稳定债务水平。换句话说，若政府采用相机抉择政策操作，灾难会使债务作为冲击吸收器的作用减弱。因此参考已有研究（Rogoff，1985；Adam & Billi，2008）的惩罚目标函数的思想，将政府目标函数修改为：

$$(1-\delta)\left[\frac{\tilde{c}(v,\pi,m)^{1-\sigma}-1}{1-\sigma}-\alpha\tilde{h}(v,\pi,m,a,g)\right]-\delta\pi^2$$
$$+\beta EU(m',b',a',g',\delta)$$

上式中，$\delta > 0$ 代表通货膨胀率偏离 0 值时福利函数赋予通货膨胀惩罚权重。对于通货膨胀目标值，近年来研究较多，赵进文和高辉（2002）在构建中国的 LWW 规则时采用了 4% 的通货膨胀目标值。王建国（2006）对中国的泰勒规则适用性进行检验时，研究结果显示中国 1993—2003 年的通货膨胀目标值水平为 2%。从实施通货膨胀目标制国家所采用的目标取向的情况来看，大部分的中央银行不仅确定了点目标，而且还确定了一个大致为 1~5 个百分点的目标区间。除了少数国家外，实施通货膨胀目标制的中央银行所确定的点目标或目标区间大致相同，中期点目标 12 个月的通货膨胀率一般在 1%~3%，区间幅度接近 2 个百分点（即目标通货膨胀率加减 1 个百分点）。本部分设

定 $\delta > 0$ 代表通货膨胀偏离3%的福利函数赋予通货膨胀惩罚权重,这也是本部分比罗戈夫(Rogoff,1985)和亚当与比利(Adam & Billi,2008)的惩罚目标函数更贴近现实经济的设定。

8.4.2 相机抉择结合通货膨胀惩罚函数最优政策选择模拟

本部分对 δ 分别取值0.3、0.5和0.8进行模拟,结果如表8.3所示:

表8.3 相机抉择结合通货膨胀惩罚函数最优政策模拟选择

变量	均值	标准差	与自身滞后一期相关系数	与财政支出相关系数	与产出相关系数
相机抉择结合通货膨胀惩罚 $\delta = 0.3$(福利成本=1.97)					
税收占 GDP 比重	0.302 1	0.591	0.82	0.681	0.648
利率	0.309	7.17	0.581	0.286	0.732
通货膨胀率	0.066	0.089 2	0.681	−0.298	−0.186
债务占 GDP 比重	0.319	0.028 6	0.196	−0.338	−0.729
财政支出占 GDP 比重	0.220 5	0.056	0.895	1.00	0.821
消费增长率	0.095	0.048 2	0.696	0.429	0.701
相机抉择结合通货膨胀惩罚 $\delta = 0.5$(福利成=1.69)					
税收占 GDP 比重	0.298 1	0.396	0.79	0.719	0.698
利率	0.294	6.07	0.621	0.338	0.569
通货膨胀率	0.062	0.071 3	0.736	−0.335	−0.217
债务占 GDP 比重	0.206	0.027 1	0.238	−0.421	−0.668
财政支出占 GDP 比重	0.190 8	0.049	0.731	1.00	0.822
消费增长率	0.101	0.047 5	0.619	0.501	0.625
相机抉择结合通货膨胀惩罚 $\delta = 0.8$(福利成本=1.38)					
税收占 GDP 比重	0.163 2	0.045	0.78	0.726	0.723
利率	0.279	4.71	0.692	0.417	0.457
通货膨胀率	0.055	0.062 9	0.782	−0.42	−0.391
债务占 GDP 比重	0.183	0.025 7	0.276	−0.459	−0.621
财政支出占 GDP 比重	0.165 1	0.041	0.692	1.00	0.823
消费增长率	0.107	0.044 1	0.582	0.583	0.592

结果显示，相机抉择结合通货膨胀惩罚目标函数使福利成本降低，随着赋予惩罚权重越来越大，当 $\delta \geqslant 0.8$ 时，此政策操作与规则行事政策操作恢复经济功效大致相同，但是由于相机抉择结合通货膨胀惩罚函数赋予惩罚权重非常大，换句话说，央行要密切关注价格频繁使用利率工具，因此政府政策工具偏向于通货膨胀税和利率，而不是财政支出或者发行债务，导致灾后经济恢复时间较长。

8.4.3 模型脉冲响应

分别对 $\delta = 0.3$、$\delta = 0.5$、$\delta = 0.8$ 进行模型变量对灾难冲击脉冲响应分析，结果如图 8.3 所示：

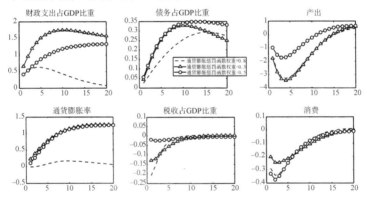

图 8.3 考虑通货膨胀惩罚的模型脉冲响应

脉冲响应结果显示，灾难下，产出和消费都会下降，政府若采用相机抉择加通货膨胀目标惩罚函数，由于政府对于通货膨胀的容忍度减少，给予其非常大的关注度，因此消费下降较少。对通货膨胀目标惩罚函数的惩罚权重越大，消费恢复初始状态时间越短，并且惩罚权重越大，通货膨胀波动越小。对比政策工具,财政支出波动差异随着惩罚权重增大而增大。可以看出,惩罚权重越大,工具使用及波动越接近规则行事下的波动路径,说明由于政府对于价格赋予一致性预期,有助于提高政策实施效果。

8.4.4 美国经济模拟

对美国经济采用 δ = 0.9 进行模拟对比结果如表 8.4 所示:

表 8.4　相机抉择结合通货膨胀惩罚函数美国最优政策模拟

变量	均值	标准差	与自身滞后一期相关系数	与财政支出相关系数	与产出相关系数
灾难					
相机抉择结合通货膨胀惩罚 δ = 0.9(福利成本 = 1.98)					
税率	22.525	2.590 2	0.38	0.69	−0.03
利率	3.816	3.756	0.28	0.26	−0.43
通货膨胀率	0.086	0.623 6	0.49	0.28	−0.25
债务占 GDP 比重	0.088	0.011 1	0.98	0.26	0.05
财政支出占 GDP 比重	0.317	0.010 7	0.83	0.41	1.00
消费增长率	0.255	0.010 2	0.88	−0.26	0.72

美国经济模拟对比显示,当权重达到 0.9 时,相机抉择结合通货膨胀惩罚函数福利损失降到与规则行事政策操作相同,但同时也会降低工资税及债务平滑灾难的作用。

以上分析说明,由于面临灾难,国家往往将刺激经济恢复产出作为首要目标,忽视价格稳定,政府应采取恢复产出同时兼顾价格稳定的政策才是最优的。

8.5 生产性财政支出与消费性财政支出下最优政策选择

8.5.1 模型设定

近年来世界范围内严重的经济危机包括 1997 年亚洲金融危机和 2008 年世界金融危机。1997 年亚洲金融危机的导火索是索罗斯为首的国际游资炒家针对一些国家的政策漏洞和经济问题，发起对泰国货币泰铢的大量投机性活动，导致泰铢大幅贬值，随后货币危机扩散到东南亚，又波及整个亚太地区，实体经济遭受打击，最后危机蔓延至全球，使全球经济出现一定程度的衰退。针对这次危机，我国采取的具体的财政政策措施包括大规模发行国债，从 1998—2002 年我国共发行长期建设国债 6 600 亿元，国债项目总投资规模达到 3.28 万亿元；调整税收政策，降低出口退税率和关税税率；增加社会保障救灾和科教等重点领域支出。那次应对金融危机我国财政政策操作的主要目的是拉动投资、恢复国际贸易，而财政支出的作用较弱。2008 年金融危机源于美国次贷危机，演化为全球性实体经济危机，对我国造成的最严重后果是劳动岗位大幅度减少、失业率上升、就业困难，针对这次经济危机我国财政政策措施包括扩大政府公共投资，4 万亿元投资计划出台，实行结构性减税，优化财政支出结构。该次经济危机我国财政政策操作的主要目的是拉动内需增长和控制通货膨胀。

我国财政支出分为生产性支出和消费性支出，财政生产性支出，比如道路交通和教育支出等有助于提高企业生产能力；财政消费性支出，比如环境保护和安全支出等对家庭效用具有直接影响。生产性支出的引入意味财政支出增加有助于降低企业实际边际成本，促使实际工资率和民间消费增加，但也会导致总需求和实际边际成本增加，抑制实际工资率和民间消费增加。因此，财政支出对实际边际成本和民间消费的最终影响并不明确，取决于生产性支出边际生产率和财政支出比率的大小对比。消费性支出与民间消费为替代关系，因此政府消费性支出对民间消费具有直接抑制作用。但是由于政府消费性支出与劳动投入以及劳动投入与民间消费均互补，因此政府消费性支出对劳动投入进而对民间消费也具有间接促进作用。

为了更好地剖析不同类型政府支出的影响，本部分参照贾俊雪、郭庆旺（2012）的研究，将政府细分为政府消费性支出 g_{ct} 和生产性支出 g_{it} ，令 ϑ 为政府生产性支出占总支出的比重，则有 $g_{it} = \vartheta g_t$ ， $g_{ct} = (1 - \vartheta) g_t$ ，将生产性支出引入生产函数，将消费性支出引入消费者效用函数，

此时每个家庭的偏好可以表示为：

$$E_0 \sum_{t=0}^{\infty} \beta^t (\frac{c_t^{1-\sigma} - 1}{1 - \sigma} - \alpha h_t, \ g_{ct}) \tag{8.14}$$

产品生产商的生产函数则为：

$$\tilde{y}_t = a_t \tilde{h}_t g_{it}$$

其他条件不变，则对家庭与产品生产商计算其竞争性均衡条件方程为：

$$L^H = E_0 \sum_{t=0}^{\infty} \beta^t \{ \frac{(\frac{v_t m_t}{1 + \pi_t})^{1-\sigma} - 1}{1 - \sigma} - \alpha h_t + g_{ct} + \lambda_t [\frac{m_t + b_t}{1 + \pi_t}$$

$$+ (1 - \tau_t) w_t h_t + a_t \tilde{h}_t g_{it} (\tilde{p}_t)^{1-\theta} - \frac{w_t}{a_t} a_t \tilde{h}_t g_{it} (\tilde{p}_t)^{-\theta}$$

$$- \frac{\kappa}{2} [\frac{\tilde{p}_t}{\tilde{p}_{t-1}} (1 + \pi_t) - 1]^2 - \frac{v_t m_t}{1 + \pi_t} [1 + s(v_t)] - m_{t+1}$$

$$- q_t b_{t+1}] \}$$

以此规则行事下 Ramsey 福利损失函数为:

$$L^c = E_0 \sum_{t=0}^{\infty} \beta^t \Big\{ \frac{\tilde{c}(v_t, \pi_t, m_t)^{1-\sigma} - 1}{1-\sigma}$$

$$- \alpha \tilde{h}(v_t, \pi_t, m_t, a_t, g_{it})$$

$$+ \gamma_t^1 \big[\tilde{\tau}(v_t, \pi_t, m_t, w_t) w_t \tilde{h}(v_t, \pi_t, m_t, a_t, g_{it})$$

$$+ m_{t+1} + q_t h_{t+1} - g_{ct} - \frac{m_t + b_t}{1 + \pi_t} \big]$$

$$+ \gamma_t^2 \big\{ (w_t - \frac{\theta-1}{\theta} a_t) \tilde{h}(v_t, \pi_t, m_t, a_t, g_{it})$$

$$\tilde{\lambda}(v_t, \pi_t, m_t) - \frac{\kappa}{\theta} \tilde{\lambda}(v_t, \pi_t, m_t) \pi_t (1 + \pi_t)$$

$$+ \beta \frac{\kappa}{\theta} E_t \big[\tilde{\lambda}(v_{t+1}, \pi_{t+1}, m_{t+1}) \pi_{t+1} (1 + \pi_{t+1}) \big] \big\}$$

$$+ \gamma_t^3 \big\{ \tilde{\lambda}(v_t, \pi_t, m_t)$$

$$- \beta E_t \big[\frac{\tilde{\lambda}(v_{t+1}, \pi_{t+1}, m_{t+1}) [1 + v_{t+1}^2 s'(v_{t+1})]}{1 + \pi_{t+1}} \big] \big\}$$

$$+ \gamma_t^4 \big[\tilde{\lambda}(v_t, \pi_t, m_t) q_t - \beta E_t (\frac{\tilde{\lambda}(v_{t+1}, \pi_{t+1}, m_{t+1})}{1 + \pi_{t+1}}) \big] \big\}$$

相机抉择政策设定 Ramsey 福利损失函数为:

$$L^D = \big\{ \frac{\tilde{c}(.)^{1-\sigma} - 1}{1-\sigma} - \alpha \tilde{h}(.) + \beta E U(b', m', a', g'_i)$$

$$+ \eta^1 \big[\tilde{\tau}(.) w \tilde{h}(.) + m' + q b' - g_c - \frac{m + b}{1 + \pi} \big]$$

$$+ \eta^2 \big[(w - \frac{\theta-1}{\theta} a) \tilde{h}(.) \tilde{\lambda}(.) - \frac{\kappa}{\theta} \tilde{\lambda}(.) \pi (1 + \pi)$$

$$+ \beta \frac{\kappa}{\theta} E(\tilde{\lambda}(.) \Pi(.) [1 + \Pi(.)]) \big]$$

$$+ \eta^3 \Big[\tilde{\lambda}'(\,.\,) - \beta E \Big(\frac{\tilde{\lambda}'(\,.\,)[1 + v(\,.\,)^2 s'(v(\,.\,))]}{1 + \Pi(\,.\,)} \Big) \Big]$$

$$+ \eta^4 \Big[\tilde{\lambda}'(\,.\,)q - \beta E \Big(\frac{\tilde{\lambda}'(\,.\,)}{1 + \Pi(\,.\,)} \Big) \Big] \Big\}$$

政府通过发行货币、发行债务、增加税收、增加生产性财政支出刺激经济及增加消费性财政支出刺激消费等促进产出增加控制价格稳定。

8.5.2 模型模拟

设定生产性支出的比重逐渐增加，$\vartheta = 0$，$\vartheta = 0.4$，$\vartheta = 0.8$ 和 $\vartheta = 1$，进行最优政策选择模拟，结果如表8.5所示：

表8.5 生产性支出与消费性支出细分下最优政策选择模拟

变量	均值	标准差	与自身滞后一期相关系数	与财政支出相关系数	与产出相关系数
规则行事下 $\vartheta = 0$（福利成本 = 1.97）					
税收占 GDP 比重	0.332 8	0.787	0.85	0.466	0.781
利率	0.445	6.58	0.472	0.123	0.75
通货膨胀率	0.069	0.091 7	0.676	−0.337	−0.257
债务占 GDP 比重	0.289	0.018 6	0.276	−0.386	−0.672
财政支出占 GDP 比重	0.198 8	0.088	0.672	1.00	0.61
消费增长率	0.169	0.067 2	0.678	0.729	0.728
相机抉择结合通货膨胀惩罚 $\delta = 0.8$，$\vartheta = 0$（福利成本 = 1.38）					
税收占 GDP 比重	0.167 8	0.339	0.86	0.671	0.626
利率	0.391	5.28	0.791	0.429	0.662
通货膨胀率	0.091	0.129	0.683	−0.456	−0.47
债务占 GDP 比重	0.165	0.047 3	0.338	−0.467	−0.621
财政支出占 GDP 比重	0.219 6	0.057	0.729	1.00	0.612

表8.5(续)

变量	均值	标准差	与自身滞后一期相关系数	与财政支出相关系数	与产出相关系数
消费增长率	0.11	0.046 7	0.621	0.66	0.721
规则行事下 $\vartheta = 0.4$（福利成本 = 2.02）					
税收占 GDP 比重	0.333	0.678	0.79	0.476	0.69
利率	0.455	6.76	0.442	0.278	0.71
通货膨胀率	0.071	0.102	0.662	−0.321	−0.255
债务占 GDP 比重	0.281	0.023 5	0.266	−0.391	−0.66
财政支出占 GDP 比重	0.181	0.083	0.652	1.00	0.52
消费增长率	0.156	0.062 6	0.668	0.713	0.708
相机抉择结合通货膨胀惩罚 $\delta = 0.8$，$\vartheta = 0.4$（福利成本 = 1.45）					
税收占 GDP 比重	0.153 7	0.339	0.91	0.629	0.689
利率	0.339	5.66	0.702	0.339	0.478
通货膨胀率	0.071	0.069 1	0.792	−0.331	−0.384
债务占 GDP 比重	0.179	0.027 9	0.461	−0.49	−0.651
财政支出占 GDP 比重	0.193 3	0.051	0.826	1.00	0.797
消费增长率	0.107	0.053	0.674	0.687	0.615
规则行事下 $\vartheta = 0.8$（福利成本 = 1.67）					
税收占 GDP 比重	0.152 7	0.336	0.81	0.71	0.772
利率	0.316	5.59	0.667	0.231	0.391
通货膨胀率	0.072	0.068 6	0.791	−0.401	−0.491
债务占 GDP 比重	0.286	0.046	0.468	−0.571	−0.68
财政支出占 GDP 比重	0.29	0.041	0.786	1.00	0.855
消费增长率	0.092	0.046 1	0.561	0.426	0.587
相机抉择结合通货膨胀惩罚 $\delta = 0.8$，$\vartheta = 0.8$（福利成本 = 1.98）					
税收占 GDP 比重	0.323	0.575	0.86	0.671	0.787
利率	0.338	5.88	0.601	0.216	0.67

表8.5(续)

变量	均值	标准差	与自身滞后一期相关系数	与财政支出相关系数	与产出相关系数
通货膨胀率	0.066	0.101	0.612	−0.334	−0.233
债务占 GDP 比重	0.213	0.009 1	0.208	−0.481	−0.72
财政支出占 GDP 比重	0.212	0.057	0.709	1.00	0.73
消费增长率	0.098	0.049 1	0.69	0.47	0.667
规则行事下 ϑ = 1 (福利成本 = 1.41)					
税收占 GDP 比重	0.153 6	0.221	0.79	0.684	0.722
利率	0.321	5.16	0.67	0.329	0.498
通货膨胀率	0.067	0.069	0.78	−0.41	−0.292
债务占 GDP 比重	0.173 1	0.028 5	0.343	−0.49	−0.66
财政支出占 GDP 比重	0.190 1	0.049	0.799	1.00	0.85
消费增长率	0.11	0.043 1	0.597	0.532	0.601
相机抉择结合通货膨胀惩罚 δ = 0.8, ϑ = 1 (福利成本 = 2.25)					
税收占 GDP 比重	0.351	0.72	0.67	0.45	0.55
利率	0.431	6.91	0.44	0.252	0.696
通货膨胀率	0.078	0.11	0.65	−0.31	−0.23
债务占 GDP 比重	0.33	0.031 9	0.25	−0.383	−0.62
财政支出占 GDP 比重	0.108	0.088	0.631	1.00	0.47
消费增长率	0.12	0.061	0.65	0.671	0.702

两个极端情况 ϑ = 0 和 ϑ = 1 下规则行事与相机抉择结合通货膨胀惩罚关于模型变量对灾难冲击的脉冲响应如图8.4所示：

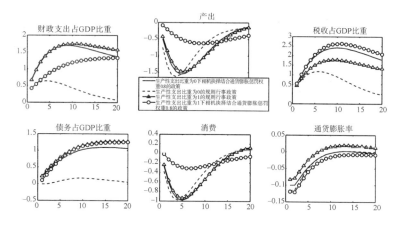

图8.4 生产性支出和消费性支出下的模型脉冲响应

将财政支出分为生产性支出和消费性支出之后，一方面，生产性支出所占比重越大，相机抉择政策操作福利成本越大，生产性支出所占比重越大，利率变化的持续性及其对产出波动的反应近乎为零，税收收入对债务波动的反应力度大幅下降。生产性支出的引入导致较大的通货膨胀率、利率和所得税率的波动性，迫使货币当局削弱货币政策对产出波动的反应力度以更好地实现利率平滑化。也迫使财政当局削弱税收收入对债务波动的反应力度，以利用政府债务规模变化作为冲击吸收器来确保通货膨胀率和所得税率的平滑化。利率政策对实际边际成本具有直接正影响，财政支出增加会促进民间消费增加，但也会带来较大的通货膨胀压力。另一方面，消费性支出与民间消费互补性的引入意味家庭得到了额外的隐性消费补贴，在缺乏有效税收工具的情况下，政府将采取提高所得税率和借助通货膨胀税对这部分补贴进行征税以矫正其带来的扭曲性影响，因此政府应密切关注消费性支出可能带来的通货膨胀压力。

消费性支出比重越大，面对灾难，采用相机抉择结合通货膨胀惩罚函数消费增长恢复较快，但波动性也较大，生产性支出所占比重较大时，即 $\vartheta \geqslant 0.4$，规则行事政策操作依然为最优，但消费性支出所占比重较大时，相机抉择结合通货膨胀控制（即结合通货膨胀目标惩罚函数）为最优政策操作。

8.6　结论及政策建议

本部分构建了新凯恩斯 DSGE 模型，以福利成本为标准，探究了面对灾难期经济波动我国最优政策的选择，综合考察了财政支出、税收、债务及利率等财政政策和货币政策手段对灾难后稳定经济波动和刺激经济发展的作用及影响途径。

研究表明，面对灾难，规则行事政策优于相机抉择政策操作框架。已有研究表明，相机抉择会导致时间不一致的问题。所谓时间不一致的问题，又称为动态不一致问题，简单地说就是如果货币当局在一定前提假设下，根据第 T 期的实际经济状况按照某一个最优化原则计划一项在第 $T+N$ 期（$N \geqslant 1$）执行的政策，但是可能到第 $T+N$ 期时，由于假设条件的改变，该项政策已经不再是最优政策了，如果货币当局不负责任或具有欺骗性，如牺牲物价换取增长，相机抉择则会导致社会福利水平的损失，本部分再一次验证了这一结论的科学性。

虽然学术界进行了卓有成效的研究工作，但研究重点不是面对灾难最优政策如何制定。本部分在更加现实的经济条件下探究了在面对灾难规则行事、相机抉择和结合通货膨胀惩罚函数的操作框架对灾难的经济恢复及政策工具对经济波动的影响途径进行了研究，对已有文献做出有益补充。本部分的研究结论对于中国今后灾后政策措施优化具有一定指导意义。

第一，为了更好地促进灾后经济恢复，政府政策应主要以规则行事为操作框架，即财政政策使用财政支出、税收及债务水平间相互依存关系进行操作，货币政策应以调节利率应对产出变化和通货膨胀变化为规则，如此可以避免通货膨胀预期时间不一致性，又能使财政支出、税收及债务发挥最大作用。

第二，长期而言，面对灾难，政府不应仅关注消费和产出恢复，还应密切关注价格波动，避免通货膨胀增长带来的长期负效用，在规则行事的同时也应结合通货膨胀惩罚目标函数，做到经济全面稳步恢复。

对于本书中模型设定，本部分未考虑对外经济，但灾难大多是全球性经济危机或灾难，政府采用税收政策刺激进出口也是面对灾难恢复经济的主要途径，因此面对灾难构建包含对外部门的最优财政政策规则和最优货币政策规则选择将是一个值得深入研究的方向。本部分灾难设置为固定常数灾难，而现实经济中的灾难概率是随机变量，因此时变灾难下如何进行最优政策选择也将是今后的一个研究方向。

9 结论及政策建议

本书通过基于灾难风险角度对我国资本市场未解之谜,包括"股权溢价之谜""股市波动性之谜""股市可预测性之谜"进行研究,对我国国债风险溢价进行合理解释,并将灾难风险嵌入宏观经济模型就灾难风险对我国宏观经济波动的影响效应及最优政策选择进行研究,得到如下主要结论及政策建议:

第一,我国的确存在股权溢价之谜,基于雷茨和巴罗(Reitz & Barro)模型,将时变灾难概率引入资产定价模型,结果显示模型在不需要假设高的风险规避系数下也可以很好地解释中国现实数据的股权溢价之谜,尤其面临股市"熊市"更应考虑灾难带来的经济效应。

第二,在 DSGE 三阶近似解下,罕见灾难影响风险溢价的水平,但是不能解释风险溢价的时变性,罕见灾难还影响许多宏观经济变量的偏度和峰度值;SV 和 GARCH 同时影响到风险溢价水平和时变性。我们的结论和安德烈亚森(Andreasen,2012)对美国国债市场风险溢价的研究结论一致。因此,加入罕见灾难、SV 及 GARCH 冲击的 DSGE 模型能更好地拟合长期国债风险溢价的非线性及时变特征。

第三,股市波动之谜自坎贝尔(Campbell)提出之后,尽管已有对此问题的大量研究,但该问题一直没有得到较好地解释。雷茨和巴罗(Reitz & Barro)将罕见灾难引入资产定价模型，较好地解释了高股权溢价和股市波动之谜。相对于我国低红利、无风险利率波动率及平滑的消费增长，我国股市表现出高波动性，本书首先基于非线性对数框架验证我国的确存在股市波动之谜，将广义期望效用函数和时变罕见灾难风险引入无套利资产定价模型，结果显示模型可以很好地解释我国现实数据的股市高波动性，尤其是股市"熊市"时变灾难模型更能体现灾难对投资者投资行为的影响从而影响资产价格波动，并且验证了灾难视角下股利价格比可以有效预测股票超额收益，这为今后解决股票、债券、期权等更多金融资产定价和价格波动之谜，提供了新的解决方法和研究框架。

第四，基于灾难的 RBC 模型对我国股权溢价与投资、产出和消费之间的关联提供了实证根据，验证了我国股权溢价的反周期特征，对于今后研究债券市场及期权市场与宏观经济运行间关联及特征提供了科学可行的研究框架。

第五，面对灾难规则行事政策优于相机抉择政策操作框架。已有研究表明，相机抉择会导致时间不一致问题，如果货币当局在一定前提假设下，根据第 T 期的实际经济状况按照某一个最优化原则计划一项在第 $T+N$ 期（$N \geqslant 1$）执行的政策，但是可能到第 $T+N$ 时，由于假设条件的改变，该项政策已经不再是最优政策了，如果货币当局不负责任或具有欺骗性，如牺牲物价换取增长，相机抉择则会导致社会福利水平的损失，本书再一次验证了这一结论的科学性。

第六，为了更好地促进灾后经济恢复，政府政策应主要以规则行事为操作框架，即财政政策使用财政支出、税收及债务水平间相互依存关系进行操作，货币政策应以调节利率应对产出变化和通货膨胀变化为规则，如此可以避免通货膨胀预期时间不一致性，又能使财政支出、税收及债务发挥最大作用。就长期而言，面对灾难，政府不应仅关注消费和产出恢复，正应密切关注价格波动，避免通货膨胀增长带来的长期负效用，在规则行事同时也应结合通货膨胀惩罚目标函数，做到经济全面稳步恢复。

参考文献

[1] Abel, Andrew B. Asset Prices under Habit Formation and Catching up with the Joneses [J]. American Economic Review Papers and Proceedings, 1990, 80: 38-42.

[2] Ang, Andrew, Geert Bekaert, et al. The Term Structure of Real Rates and Expected Inflation [J]. Journal of Finance, 2008, 63: 797-849.

[3] Bakshi, Zhiwu Chen. Baby Boom Pulation a ging and Capital [J]. Jounal of Business, 1994, 67 (2): 165-202.

[4] Barro R J. Rare Disasters and Asset Markets in the Twentieth century [J]. The Quarterly Journal of Economics, 2006, 121 (3): 823.

[5] Campbell J. Consumption - Based Asset Pricing [C]. Handbook of the Economics of Finance, 2003.

[6] Chen Long On the Reversal of Return and Dividend Growth Predictability: a Tale of Two Periods [J]. Journal of Financial Economics, 2009 (92): 128-151.

[7] Cochrane John H. Explaining the Variance of Price-Dividend Ratios [J]. Review of Financial Studies, 1992, 5: 243-280.

[8] Constantinides George. Habit Formation: A Resolution of the Equity Premium Puzzle [J]. Journal of Political Economy,

1990, 98: 519-543.

[9] Duffie, Darrell, Costis Skiadas. Continuous – time Asset Pricing: A Utility Gradient Approach [J]. Journal of Mathematical Economics, 1994, 23: 107-132.

[10] Duffie, Darrell, Larry G Epstein. Asset Pricing with Stochastic Differential Utility [J]. Review of Financial Studies, 1992, 5: 411-436.

[11] Epstein, Larry, Stan Zin. Substitution, Risk Aversion and the Temporal Behavior of Consumption and Asset Returns: A Theoretical Framework [J]. Econometrica, 1989, 57: 937-969.

[12] Fama Eugene F, French Kenneth R. Dividend Yields and Expected Stock Returns [J]. Journal of Financial Economics, 1988, 22 (1): 3-25.

[13] Gabaix. Variable Rare Disasters: An Exactly Solved Framework for Ten Puzzles in Macro-finance [J]. the Quarterly Journal of Economics, 2012, 127: 645-700.

[14] Hansen, Lars P, Ravi Jagannathan. Implications of Security Market Data for Models of Dynamic Economies [J]. Journal of Political Economy, 1991, 99: 225-262.

[15] Kimball M P, Weil P. Precautionary Saving in the Small and in the Large [J]. Econometrica, 2009, 58: 53-73.

[16] Mehra Rajnish, Edward Preseott. The Equity Premium: A Puzzle of Monetary [J]. Economics, 1985, 15 (2): 145-161.

[17] Rietz T A. The Equity Premium: a Solution [J]. Journal of Monetary Economics, 1988, 22: 17-31.

[18] Weil, Philippe. Nonexpected Utilitiy in Macroeconomics [J]. Quarterly Journal of Economics, 1990, 105: 29-42.

[19] Stefan Niemann, Paul Pichler. Optimal Fiscal and Mone-

tary Policies in the Face of Rare Disasters [J]. European Economic Review, 2011, 55: 75-92.

[20] Rogoff K. The Optimal Degree of Commitment to an Intermediate Monetary Target [J]. The Quarterly Journal of Economics, 1985, 100 (4): 1169-1189.

[21] Adam K, Billi R. M. Monetary Conservatism and Fiscal Policy [J]. Journal of Monetary Economics, 2008, 55 (8): 1376-1388.

[22] Schmitt Grohe, Stephanie, Martin Uribe. Solving Dynamic General Equilibrium Models Using a Second-Order Approximation to the Policy Function [J]. Journal of Economic Dynamics and Control, 2004, 28: 755-775.

[23] Martin M. Andreasen. On the Effects of Rare Disasters and Uncertainty Shocks for Risk Premia in Non-linear DSGE Models [J]. Review of Economic Dynamics, 2012, 15 (3): 295-316.

[24] Richard Clarida , Jordi Gali , Mark Gertler. The Science of Monetary Policy: A New Keynesian Perspective," Journal of Economic Literature, 1999, 37 (4): 1661-1707.

[25] Justiniano A, Primiceri G E. The Time-varying Volatility of Macroeconomic Fluctuations [J]. The American Economic Review, 2006, 98 (3): 604-641.

[26] Bollerslev T. Generalized Autoregressive Conditional Heteroskedasticity [J]. Journal of Econometrics, 1986, 31 (3): 307-327.

[27] Wenlang Zhang. China's Monetary Policy: Quantity Versus Price Rules [J]. Journal of Macroeconomics, 2009, 31: 473-484.

[28] 陈国进, 晁江锋, 武晓利, 等. 罕见灾难风险与我国

宏观经济波动 [J]. 经济研究, 2014 (8): 54-66.

[29] 陈国进, 晁江锋, 赵向琴. 灾难风险、习惯形成和含高阶矩的资产定价模型 [J]. 管理科学学报, 2015 (4): 1-17.

[30] 陈国进, 黄伟斌, Tribhuvan Puri. 宏观长期风险与资产价格: 国际比较与中国经验 [J]. 世界经济, 2014 (6): 51-72.

[31] 袁靖, 陈国进. 灾难风险与中国股市波动性之谜 [J]. 上海经济研究, 2014 (4): 53-66.

[32] 袁靖, 陈国进. 罕见灾难、不确定性冲击和国债风险溢价——基于非线性 DSGE 模型 [J]. 统计与信息论坛, 2015 (5): 50-55.

[33] 陈李. 股权溢价测量研究 [J]. 世界经济情况, 2008 (12): 52-58.

[34] 陈彦斌, 霍震, 陈军. 灾难风险与中国城镇居民财产分布 [J]. 经济研究, 2009 (11): 144-158.

[35] 程兵, 张晓军. 中国股票市场的风险溢价, 系统工程理论方法应用, 2004 (2): 14-19.

[36] 丁宏, 王灏. 基于损失厌恶的股权溢价研究 [J]. 宁夏大学学报: 人文社会科学版, 2010 (5): 144-148.

[37] 杜海凤, 王晓婷. 股权溢价研究 [J]. 经济论坛, 2011 (8): 104-108.

[38] 李治国, 唐国兴. 消费、资产定价与股票溢酬之谜 [J]. 经济科学, 2002 (6): 60-65.

[39] 廖理, 江毅慧. 中国股票市场风险溢价研究 [J]. 金融研究, 2003 (4): 23-31.

[40] 林鲁东. 中国的股权溢价之谜: 基于 Hansen—Jagannathan 方差界的实证研究 [J]. 南方经济, 2007 (12): 12-23.

[41] 刘仁和. 股权溢价与股市波动 [D]. 上海: 复旦大

学，2004.

　[42] 刘仁和，郑爱明. 风险厌恶、跨期替代与股权溢价之谜 [J]. 上海经济研究，2007 (8)：67-72.

　[43] 申树斌. 对我国居民消费偏好参数的估计 [J]. 辽宁大学学报：自然科学版，2002 (3)：34-47.

　[44] 肖俊喜，王庆石. 交易成本、基于消费的资产定价与股权溢价之谜：来白中国股市的经验分析 [J]. 管理世界，2004 (12)：3-12.

　[45] 杨子晖. 政府消费与居民消费：期内替代与跨期替代 [J]. 世界经济，2006 (8)：37-46.

　[46] 朱世武，郑淳. 中国资本市场股权风险溢价研究 [J]. 世界经济，2003 (7)：62-70.

　[47] 庄子罐. 中国经济周期波动的福利成本研究——基于小概率"严重衰退"事件的视角 [J]. 金融研究，2011 (4)：31-43.

　[48] 卜永祥，靳炎. 中国实际经济周期：一个基本解释和理论拓展 [J]. 世界经济，2002 (7)：3-11.

　[49] 陈昆亭，龚六堂，邹恒甫. 什么造成了经济增长的波动，供给还是需求——中国经济的 RBC 分析 [J]. 世界经济，2004 (4)：3-11.

　[50] 黄赜琳. 中国经济周期特征与财政政策效应 [J]. 经济研究，2005 (4)：27-39.

　[51] 祝梓翔，邓翔. 趋势性冲击、政府消费与中国经济周期波动——基于开放经济 RBC 模型的比较分析 [J]. 当代财经，2013 (3)：12-23.

　[52] 杜清源，龚六堂. 带"金融加速器"的 RBC 模型 [J]. 金融研究，2005 (4).

　[53] 顾六宝，肖红叶. 中国消费跨期替代弹性的两种统计

估算法［J］.统计研究，2004（9）.

［54］梁斌，李庆云.中国房地产价格波动与货币政策分析——基于贝叶斯估计的动态随机一般均衡模型［J］.经济科学，2011（3）.

［55］周荣喜，刘雯宇，牛伟宁.基于SV利率期限结构模型的国债价差研究［J］.北京化工大学学报：自然科学版，2011（3）.

［56］周荣喜，杨杰，单欣涛，等.我国货币政策对利率期限结构影响实证研究［J］.经济问题探索，2012（12）.

［57］谈华君，国债期限风险溢价的ARCH模型族研究［J］.统计与决策，2008（15）.